SOMMAIRE

Déjà parus

dans la même collection

APPRENEZ A TIRER LES CARTES - Edwige de BENAVIDÈS
BELOTE - Robert IZMIR
BILLARD - Jean-Paul NAHON
BRIDGE - Patrick ARNETT
DAMES - Jean CHAZE
ÉCHECS - Michel BENOIT
JEUX DE CASINO - Alain REMPFER
JEUX DE DÉS - Alain REMPFER
110 JEUX D'INTÉRIEUR ET DE PLEIN AIR - Cathy VINTHOIS
LOTO - Jean POLGILLES
MES PREMIERS TOURS DE MAGIE - Jacques DELORD
MONOPOLY - Maxime BRADY
PLIAGES ET JEUX DE PAPIER - W. REDER
POKER - François POLI
111 PROBLÈMES FACILES D'ÉCHECS - Michel BENOIT
RÉUSSITES ET PATIENCES - Alain REMPFER
SCRABBLE - Agnès BAUCHE
TAROT - Patrick ARNETT
RUBIK'S CUBE - Yves MERANE

N.B. - Tous les jeux de cartes qui sont reproduits dans ce livre sont en vente dans les magasins de jeux et jouets et dans les rayons spécialisés des grands magasins. Ils sont édités par les Etablissements J.M. Simon France-Cartes, 27, avenue Pierre-1er-de-Serbie,
75116 PARIS.

ISBN 2-263-00191-3

Edwige de Benavidès

APPRENEZ A TIRER LES CARTES

une méthode à la portée de tous

SOLAR
8, rue Garancière
Paris

INTRODUCTION

La cartomancie — autrefois réservée aux mages et devins — est désormais à la portée de tous, grâce à ce livre qui indique des méthodes simples, précises, éprouvées. Chacun peut être le consultant (celui qui interroge) ou l'interprète (celui qui déchiffre les cartes et dévoile leur signification).

Il existe différentes sortes de cartes permettant de prédire l'avenir. Nous les avons classées ici en deux catégories : les cartes à jouer ordinaires et les tarots.

Les cartes à jouer ordinaires.

Elles se prêtent à de multiples combinaisons. On emploie le plus couramment un jeu de 32 cartes, ou 2 jeux de 32, et plus exceptionnellement un jeu de 52. Vous apprendrez rapidement à connaître la signification de chacune.

Les tarots.

Leur lecture obéit à des règles instituées depuis des millénaires. Nous vous livrons les secrets du Tarot de Marseille, à travers le grand jeu et la réponse immédiate, et ceux du Tarot égyptien ou Grand Etteilla qui permet de faire le jeu de la question secrète, et celui des 7 paquets.

Dans ce jeu, les cartes portent le nom de lames.

Que peut-on attendre de la lecture des cartes?

Elles permettent de connaître l'avenir, d'analyser le présent, de se pencher sur le passé pour en tirer des enseignements. Informé des événements qui l'attendent, le consultant fera intervenir sa volonté, sa force intérieure pour agir sur son destin et accéder à une vie meilleure.

L'ORDRE DE VALEUR DES CARTES

La couleur la plus forte est le Carreau. Viennent ensuite dans l'ordre le Cœur, le Pique, le Trèfle. Dans chaque couleur, l'ordre de valeur des cartes est le suivant :

As, Roi, Dame, Valet, Dix, Neuf, Huit, Sept, Six, Cinq, Quatre, Trois, Deux.

LES JEUX DE CARTES

I. — LES CARTES ET LEUR SIGNIFICATION

Chaque carte a une signification particulière qui est modifiée selon que la carte tirée par le consultant se trouve debout ou renversée. Les cartes à jouer n'ayant pas de sens, vous marquerez chacune, sur l'endroit, de la lettre H (pour haut) et B (pour bas).

Le consultant (vous-même ou une personne qui vous demande d'interroger les cartes pour elle) doit être représenté dans le jeu par une carte qui correspond à son type physique, son âge approximatif et sa situation. Voici la représentation traditionnelle :

Roi de Carreau : Retraité. Vieillard.

Roi de Cœur : Homme blond-châtain. Marié. D'un certain âge.

Roi de Pique : Homme veuf ou divorcé.

Roi de Trèfle : Homme Brun. Marié. Certain âge.

Valet de Cœur : Homme Jeune Blond.

Valet de Trèfle : Homme Jeune Brun.

Dame de Carreau : Femme âgée. Retraitée.

Dame de Cœur : Femme Blonde Mariée, plus de 40 ans.

Dame de Pique : Veuve ou Divorcée.

Dame de Trèfle : Femme Brune. Mariée plus de 40 ans.

Huit de Cœur : Jeune Femme Blonde.

Huit de Trèfle : Jeune Femme Brune.

SIGNIFICATION DES 32 CARTES

LES AS

As de Carreau représente les affaires, le Métier du consultant. Les Lettres.

As de Carreau (Droit) : Annonce l'espoir de la disparition des ennuis. Il améliore le Jeu. Près d'une Carte de Cœur, il annonce Amour ou Amitié. Près d'un Trèfle, c'est de l'Argent. Près d'un Pique, c'est un Deuil.

As de Carreau (Renversé) : Met en garde le consultant contre des fautes dans ses Affaires.

As de Cœur : Représente les Visites, les Joies.

As de Cœur (Droit) : Bonnes nouvelles. Lettre d'Amour. Avec le *Roi* et la *Dame de Cœur* c'est l'annonce d'une Réunion.

As de Cœur (Renversé) : Contrariétés, obstacles aux réussites. Moins de bonheur.

As de Pique : Concerne les Papiers d'Affaires.

As de Pique (Droit) : Succès assuré. Triomphe sur les ennemis même s'il paraît ne plus y avoir d'espoir.

As de Pique (Renversé) : Propositions malhonnêtes. Naissance. Avec le *Sept de Cœur :* un Accouchement.

As de Trèfle : Signifie Argent.

As de Trèfle (Droit) : Annonce Fortune par Héritage. Succès. Entre deux *Trèfles :* Bonheur et Fortune assurés.

As de Trèfle (Renversé) : Difficultés, retards, mais rien de grave.

LES ROIS

Roi de Carreau : Homme marié ou de la Campagne.

Roi de Carreau (Droit) : Protections. Bienfaits. S'il est près d'un *Trèfle,* annonce une rentrée d'Argent.

Roi de Carreau (Renversé) : Obstacles qui retarderont les projets en cours. Menaces de querelles avec un Ami.

Roi de Cœur : Homme Bon. Véritable Ami Blond-Châtain, la quarantaine.

Roi de Cœur (Droit) : Le consultant peut compter sur un Ami à condition d'être loyal. Pour une consultante : Amorce de la fondation d'un Couple.

Roi de Cœur (Renversé) : Obstacles à l'appui promis. Menaces d'injustices.

Roi de Pique : Représente l'Homme de Loi. Près d'un *Roi de Cœur* c'est un Médecin. Près d'un *Roi de Carreau,* un Militaire.

Roi de Pique (Droit) : Tout ce qui se rapporte à la Loi. Il peut aussi représenter un Homme méchant.

Roi de Pique (Renversé) : Annonce la perte d'un Procès. Jalousie de la part d un Homme, mais si le *Roi de Cœur* est près, tout s'arrange favorablement.

Roi de Trèfle : Homme Brun, doué de talents créateurs : Peintre, Architecte, etc.

Roi de Trèfle (Droit) : Protections, Succès matériels. Si le consultant est une femme, annonce un riche Mariage ou un Ami généreux.

Roi de Trèfle (Renversé) : Risque de perte de l'appui escompté. Si le *Sept de Trèfle* se trouve à côté, les ennuis seront aplanis. Tout se terminera bien.

LES DAMES

Dame de Carreau : Représente une Femme de la Campagne, plutôt Blonde ou une Étrangère. Assez dangereuse.

Dame de Carreau (Droite) : Le fond de son caractère est méchant. Même si elle vous flatte, on ne peut avoir confiance. Placée près d'un *Cœur,* si le consultant est jeune : Mariage dans de bonnes conditions. Près d'un *Carreau :* Une Femme Amie empêchera l'Union par méchanceté.

Dame de Carreau (Renversée) : Elle n'apporte que complications par son esprit d'intrigue.

Dame de Cœur : Une Femme Blonde, pleine de bonté, franche. C'est aussi l'Amoureuse type raffinée. Pour une personne âgée : bonnes satisfactions.

Dame de Cœur (Droite) : Amie loyale.

Dame de Cœur (Renversée) : Cette Femme Blonde a des ennuis, peut-être à cause du consultant. Infidélités. Le Mariage ne se fera pas ou difficilement.

Dame de Pique : Une Veuve. Femme méchante, vindicative. Associée au *Huit de Trèfle,* il s'agit d'une Divorcée intéressée qui voudrait refaire sa vie.

Dame de Pique (Droite) : Le *Dix de Pique* près de cette Carte : Menace de Deuil pour une personne mariée. Un *Cœur* de chaque côté enlève son sens néfaste à cette carte.

Dame de Pique (Renversée) : Elle devient moins redoutable. Ses efforts pour nuire n'aboutiront pas.

Dame de Trèfle : Une Femme brune disposée à aider le consultant ; mais si elle est entourée de nombreux *Piques,* il s'agit d'une jeune Femme intéressée. Si au contraire de bonnes Cartes l'entourent, elle signifie : grandes possibilités pécuniaires.

Dame de Trèfle (Droite) : Si c'est un consultant et qu'il est près d'une Carte de *Cœur,* c'est l'Espoir d'un riche Mariage ou de relations avantageuses.

Dame de Trèfle (Renversée) : Une Femme jalouse. Elle peut nuire matériellement. Si elle est accompagnée de la *Dame de Cœur Renversée :* Infidélité de la personne aimée.

LES VALETS

Valet de Carreau : Cette Carte représente le Facteur. C'est un Message bon ou mauvais selon les Cartes qui l'accompagnent.

Valet de Carreau (Droit) : Le Présage est favorable. S'il s'agit d'une consultante, ce peut être un parti sérieux et fort intéressant. Si c'est un consultant, il sera aidé par un collaborateur. Près d'une Carte de *Cœur :* un Fiancé ou une Amie venant de loin. Près d'un *Trèfle,* fortune.

Valet de Carreau (Renversé) : Risque de ruse. L'Amie peut être jalouse, hypocrite.

Valet de Cœur : Représente un jeune Homme Blond, Amoureux, de peu d'expérience, gai, mais incapable de construire un Foyer durable.

Valet de Cœur (Droit) : Si la consultante est jeune, c'est pour elle un Mari probable, timide et sincère. Si c'est un consultant jeune, il devra surmonter des difficultés énormes avant de voir aboutir ses projets de mariage.

Valet de Cœur (Renversé) : Échec des projets matrimoniaux. Rupture. Accompagné de Cartes favorables, il n'y aura qu'un retard.

Valet de Pique : Un Homme Brun dont il faut se méfier. C'est une Carte maléfique. Elle représente les Huissiers, les Agents du Fisc. Pour une Femme les « Souteneurs », les Voleurs, les Traîtres, la Pègre.

Valet de Pique (Droit) : C'est toujours un Homme dangereux. Il peut représenter un rival en Amour ou en Affaires. Si le consultant est une femme, elle doit être prudente, ne pas se fier aux belles paroles.

Valet de Pique (Renversé) : Il ne peut causer le mal qu'il souhaite. Ses mauvais projets seront entravés, retardés.

Valet de Trèfle : Représente un jeune Homme Brun, honnête, ingénieux, qui peut être l'Amoureux.

Valet de Trèfle (Droit) : Rencontre d'un Fiancé possible, jouissant d'une situation aisée. Avec l'*As de Trèfle :* le Facteur apportera des nouvelles.

Valet de Trèfle (Renversé) : Des obstacles matériels s'élèveront contre le Fiancé possible : Différence de situation, manque de sérieux du jeune homme. Si le ou la consultante sont mariés, il y a désordre dans le ménage par des dépenses excessives.

LES DIX

Dix de Carreau : Indique un Grand Voyage.

Dix de Carreau (Droit) : Proposition importante ; Argent à gagner dans un Voyage. Ce sont les Cartes avoisinantes qui complètent le sens du présage. Voisine d'un *Cœur :* Il s'y mêle un Sentiment. Voisine d'un *Trèfle :* Succès assuré. Voisine d'un *Pique :* Le Voyage durera plus longtemps.

Dix de Carreau (Renversé) : Rien ne réussira. Voyage infructueux. Mais entouré de bonnes Cartes, il peut ne s'agir que d'un retard assez long.

Dix de Cœur : Représente ce qui se rapporte à la Maison. A la Vie personnelle.

Dix de Cœur (Droit) : Bonheur au Foyer. Mariage heureux pour le ou la consultante.

Dix de Cœur (Renversé) : Disputes dans la maison. Tracas, Colères menaçant le bonheur.

Dix de Pique : Représente la Nuit, les Ténèbres, les Chagrins, les Larmes. C'est aussi la rapidité.

Dix de Pique (Droit) : Mauvais dans l'ensemble. Accompagné de *Cœurs :* les Chagrins sont d'ordre Affectif. Avec des *Carreaux :* tracas pour les Affaires. Avec des *Trèfles :* Soucis d'Argent. Avec des *Piques :* Mauvaise Santé.

Dix de Pique (Renversé) : Les présages sont meilleurs. La Santé reviendra. Les Affaires reprendront. Le Cœur sera comblé.

Dix de Trèfle : Carte bénéfique ; elle marque la Réussite, la Fortune par le travail.

Dix de Trèfle (Droit) : Réussite dans les Affaires. Prospérité ; mais nécessité d'avoir toujours un esprit d'ordre, d'économie. Si une Carte de *Pique* est proche, il y a danger de procès ou de perte d'Argent ou de Situation. Si le *Neuf de Carreau* vois ne, c'est par négligence que les ennuis arrivent.

Dix de Trèfle (Renversé) : Danger de perdre de l'Argent par Prêt ou Jeu. Difficultés.

LES NEUF

Neuf de Carreau : Carte des Empêchements, du Retard, souvent causé par la faute du consultant. Il doit éviter à tout prix les négligences.

Neuf de Carreau (Droit) : Annonce une petite somme d'Argent. Avantages dans la situation. Près d'un *Cœur* ou d'un *Trèfle :* Excellentes nouvelles. Près d'un *Pique :* Mauvaises nouvelles.

Neuf de Carreau (Renversé) : Mauvaises nouvelles concernant le travail. Pertes d'Argent à moins d'avoir près de ce *Neuf* le *Dix de Pique* ou l'*As de Pique*.

Neuf de Cœur : C'est une carte très bénéfique ; elle signifie le retour à de meilleures conditions de Vie. Réconciliation en cas d'une séparation. Cadeaux. C'est aussi la Carte du Succès, des Joies Sentimentales.

Neuf de Cœur (Droit) : Conclusion heureuse pour un Procès. Réussite dans les projets en cours.

Neuf de Cœur (Renversé) : Retards. Ennuis qui ne dureront pas. Quelques Intrigues.

Neuf de Pique : Cette Carte, bien que mauvaise, met le consultant face à son Destin afin de réveiller en lui l'instinct de la lutte.

Neuf de Pique (Droit) : Peines. Deuils. Près du *Huit de Pique :* Une Mort. Près du *Sept de Pique :* Une Maladie. Près du *Roi de Pique :* Procès.

Neuf de Pique (Renversé) : Est moins dangereux, mais toujours redoutable. Le consultant doit se méfier des personnes en qui il a tendance à avoir trop confiance.

Neuf de Trèfle : Annonce une Arrivée d'Argent. Succès ou Mariage.

Neuf de Trèfle (Droit) : Si les consultants sont jeunes, c'est un Mariage dans d'excellentes conditions.

Neuf de Trèfle (Renversé) : Déceptions. Gains illusoires. L'Argent sera vite dépensé.

LES HUIT

Huit de Carreau : Signifie : Petits déplacements de courte durée. Invitations en week-end. C'est une Carte bénéfique.

Huit de Carreau (Droit) : Près de l'*As de Carreau :* Une lettre annonçant de l'Argent. Près d'un *Cœur :* Bonne nouvelle Sentimentale. Près d'un *Trèfle :* Rentrée d'Argent.

Huit de Carreau (Renversé) : Le consultant ne touchera pas l'Argent escompté. Ennuis dus à la méchanceté.

Huit de Cœur : La Carte de l'Amour. Une rencontre à bref délai. Elle personnifie une Jeune Fille Blonde.

Huit de Cœur (Droit) : Des Cadeaux. Démarches heureuses. Si c'est un Jeune Homme qui consulte : nouvelle connaissance d'une Jeune Fille timide, pleine de qualités.

Huit de Cœur (Renversé) : Cette Carte conseille de ne rien précipiter. Un peu de retard est quelquefois salutaire dans les décisions du cœur.

Huit de Pique : Elle est maléfique le plus souvent. Elle évoque les risques de Santé, les Deuils, le Décès des proches. Sur le plan des Affaires : Échecs. Espoirs déçus. Si elle est entourée de Cartes fastes ces mauvais moments seront provisoires.

Huit de Pique (Droit) : Menace de dangers causés par des calomnies. Le *Valet de Pique* près du *Huit de Pique :* Trahison. Près d'un *Cœur :* Peines de courte durée. Près du *Neuf de Carreau :* Prolongation des ennuis.

Huit de Pique (Renversé) : Bien entouré avec le *Roi de Cœur* ou le *Roi de Carreau :* Amélioration de la situation. De toute façon, la Destinée sera transformée par un événement imprévu.

Huit de Trèfle : Signale une Jeune Fille ou une Jeune Femme Brune. Cette Carte indique des difficultés Amoureuses à cause d'un amour excessif pour l'Argent. Elle peut être moins néfaste si de bonnes Cartes l'entourent.

Huit de Trèfle (Droit) : La fréquentation d'une Jeune Femme Brune pourrait apporter des avantages. C'est l'annonce d'une Réussite. Si le consultant est Jeune, et que le *Huit de Trèfle* se trouve à côté du *Valet de Cœur* ou de l'*As de Cœur :* son Mariage sera rompu pour des questions d'intérêt.

Huit de Trèfle (Renversé) : Déceptions. Déboires. Difficultés dans les déplacements et les démarches.

LES SEPT

Sept de Carreau : Représente les Pourparlers, les Études, les Concours. C'est une Carte de décision. Il ne faut pas oublier de consulter les Cartes voisines pour en connaître le sens exact.

Sept de Carreau (Droit) : Pour une consultante, elle signifie : Grossesse. Pour un consultant : Une Femme très intéressée pense à lui.

Sept de Carreau (Renversé) : De Mauvaises Influences risquent de faire manquer la réalisation d'une Affaire.

Sept de Cœur : Représente les Enfants, les Jeunes, la Pensée. Elle marque les changements.

Sept de Cœur (Droit) : Si la consultante est Jeune, elle épousera un Jeune Homme Amoureux. Si le consultant est Jeune, il se mariera selon ses désirs. Dans les deux cas il y aura un Bonheur paisible.

Sept de Cœur (Renversé) : Un détachement de l'Être aimé surviendra et causera une grande peine.

Sept de Pique : Carte de décision et volonté émanant du consultant même.

Sept de Pique (Droit) : Signe du Triomphe sur les difficultés en partie par la volonté et cela dans tous les domaines. Près du *Sept de Trèfle :* Gain dans un litige à condition que cette Carte ne soit pas Renversée.

Sept de Pique (Renversé) : Tristesse. Des avertissements seront donnés, il faudra en tenir compte.

Sept de Trèfle : Rentrée d'Argent assez modeste. Avec d'autres *Trèfles :* Argent triplé.

Sept de Trèfle (Droit) : Une bonne Carte apportant l'Aisance. Entre le *Sept de Cœur* et le *Sept de Carreau :* Augmentation substantielle.

Sept de Trèfle (Renversé) : Des Chagrins, des Difficultés. Des retards dans la réalisation des désirs.

LES GROUPEMENTS ET LEUR SIGNIFICATION

Nous avons vu que chaque carte a une signification particulière. Mais là ne se borne pas la lecture d'un jeu. Il faut aussi considérer les « groupements ».

On appelle ainsi les cartes de même catégorie qui se trouvent dans un même jeu, qu'elles soient côte à côte ou séparées. Par exemple, on peut avoir, parmi les cartes étalées sur la table, plusieurs dames, plusieurs rois, plusieurs as, valets, dix, etc. Le fait que ces cartes soient droites ou renversées intervient dans l'interprétation. Dans la pratique du jeu, après avoir lu les cartes une à une, recherchez les groupements (nous vous en donnons le sens détaillé ci-après) et enfin faites ce que l'on appelle « les rencontres ».

Nous consacrons à ce dernier point le chapitre suivant, ne traitant ici que les groupements.

La signification des groupements.

Deux As (Droits) : Changement de Vie par une Union ou une Association. Mais il faudra de la réflexion et agir avec prudence.

Deux As (Renversés) : Hostilité dans les rapports. Si un seul As est Renversé : une Rupture ou des Difficultés.

Deux Deux (Droits) : Union des cœurs.

Deux Deux (Renversés) : Ne pas s'engager à la légère.

Deux Trois (Droits) : Vie calme.

Deux Trois (Renversés) : Signifie la même chose : Vie calme.

Deux Quatre (Droits) : Fatigue. Se soigner pour éviter une Dépression.

Deux Quatre (Renversés) : Disputes. Insomnies provenant de la fatigue.

Deux Cinq (Droits) : Le consultant aura le courage nécessaire pour réussir.

Deux Cinq (Renversés) : Des Revers à définir dans le courant du Jeu.

Deux Six (Droits) : Existence assombrie par des Rancunes.

Deux Six (Renversés) : Attention à une Chute. Légère blessure.

Deux Sept (Droits) : Grande Passion néfaste aux Intérêts.

Deux Sept (Renversés) : Si les Sept sont tous deux Renversés : Trahison dans cette Passion. Un seul *Sept* Renversé : Signe de durée de cet Amour.

Deux Huit (Droits) : Nouvelle Connaissance.

Deux Huit (Renversés) : Refus de cette nouvelle Connaissance.

Deux Neuf (Droits) : De la Chance.

Deux Neuf (Renversés) : Malgré un peu d'inquiétude, il y aura Réalisation finale. Si les deux *Neuf* sont Rouges et Renversés : Succès très proche.

Deux Dix (Droits) : Changement ou Petit Voyage. Si les deux *Dix* sont Rouges, c'est un Bon présage en Amour. S'ils sont Noirs : Une rentrée d'Argent.

Deux Dix (Renversés) : Du Retard.

Deux Valets (Droits) : Soucis. Difficultés suscitées par l'entourage.

Deux Valets (Renversés) : Colère au sujet d'une Fourberie.

Deux Dames (Droites) : Amitiés Féminines.

Deux Dames (Renversées) : Soyez prudent en paroles.

Deux Rois (Droits) : Conseils à suivre.

Deux Rois (Renversés) : Des Accords passagers, sans durée.

Trois As (Droits) : Difficultés en Famille ou en Affaires. Le Jeu en fournira l'indication exacte.

Trois As (Renversés) : Soupçons justifiés.

Trois Deux (Droits) : Esprit optimiste.

Trois Deux (Renversés) : Tendance à l'inquiétude.

Trois Trois (Droits) : Vie calme.

Trois Trois (Renversés) : Vie Harmonieuse avec des moments moins parfaits.

Trois Quatre (Droits) : Nature réfléchie.

Trois Quatre (Renversés) : Caractère tourmenté, difficile.

Trois Cinq (Droits) : Le consultant est entêté.

Trois Cinq (Renversés) : Il est aussi indécis.

Trois Six (Droits) : Bénéfices probables.

Trois Six (Renversés) : Amours des plaisirs de la Vie.

Trois Sept (Droits) : Si c'est une consultante, signe de Grossesse. Pour un consultant : Sa Santé est menacée.

Trois Sept (Renversés) : Quelques Chagrins d'Amour.

Trois Huit (Droits) : Sécurité Familiale. Espoir de Mariage pour une Jeune Fille.

Trois Huit (Renversés) : Menace de Brouille entre Amoureux.

Trois Neuf (Droits) : Un Bénéfice. Rentrée d'Argent.

Trois Neuf (Renversés) : Lutte pour arriver au but. Retard assez important.

Trois Dix (Droits) : Des tracas. Luttes matérielles et morales.

Trois Dix (Renversés) : Si ces trois Cartes sont Renversées, tout s'arrangera avec le temps. Si deux seulement sont Renversées, c'est la prolongation des Ennuis. Avec une seule Carte Renversée, Ennuis de courte durée.

Trois Valets (Droits) : Disputes au sujet d'Argent.

Trois Valets (Renversés) : Les Disputes se multiplient.

Trois Dames (Droites) : Se méfier des Commérages.

Trois Dames (Renversées) : Le consultant doit être prudent dans ses relations Féminines.

Trois Rois (Droits) : Accord entre Hommes dans une Réunion.

Trois Rois (Renversés) : C'est une Réunion Commerciale. Le consultant doit être prudent.

Quatre As (Droits) : Succès dû au Hasard.

Quatre As (Renversés) : Victoire sur les Difficultés, sauf si tous les *As* sont Renversés.

Quatre Deux (Droits) : Désaccords.

Quatre Deux (Renversés) : Réconciliation.

Quatre Trois (Droits) : Avancement.

Quatre Trois (Renversés) : Réussite complète.

Quatre Quatre (Droits) : Un Petit Voyage.

Quatre Quatre (Renversés) : Une simple Promenade.

Quatre Cinq (Droits) : Nécessité pour le consultant d'avoir du Raisonnement et de la Réflexion dans sa Vie.

Quatre Cinq (Renversés) : Esprit Minutieux.

Quatre Six (Droits) : Bien-être matériel.

Quatre Six (Renversés) : Prospérité pour la maison.

Quatre Sept (Droits) : Propos malfaisants.

Quatre Sept (Renversés) : Amis fourbes. Si un seul *Six* est Renversé : Danger de fausses Amitiés.

Quatre Huit (Droits) : Prudence pour éviter un Malheur.

Quatre Huit (Renversés) : Égoïsme. Avarice pouvant détruire une Vie heureuse.

Quatre Neuf (Droits) : Événements Heureux.

Quatre Neuf (Renversés) : Un Incident inattendu peut retarder ces Événements.

Quatre Dix (Droits) : Menace de Prison. Situation compromise. Un Départ.

Quatre Dix (Renversés) : C'est la confirmation du pronostic précédent.

Quatre Valets (Droits) : Grandes Discussions. Maladies à craindre.

Quatre Valets (Renversés) : Une Liaison. Si trois *Valets* sont Renversés les Querelles se termineront à l'avantage du consultant. Un seul *Valet* Renversé c'est une Querelle de Ménage.

Quatre Dames (Droites) : Pourparlers sans conséquences.

Quatre Dames (Renversées) : La bonne Entente est brisée. Si une seule *Dame* est Renversée, Danger réel de Complot, sauf si des Cartes de *cœur* entourent la *Dame* Renversée.

Quatre Rois (Droits) : Honneurs et Gloire.

Quatre Rois (Renversés) : Colères. Irritation. Difficultés.

LES RENCONTRES ET LEUR SIGNIFICATION

Par le hasard du tirage, les cartes se trouvent placées d'une certaine façon dans le jeu, c'est ce que l'on appelle les « rencontres ».

Ces « rencontres » ont une signification que voici exposée ci-dessous ; mais notez bien que, pour « bien parler » dans les « rencontres », les cartes doivent être mises les unes à côté des autres au fur et à mesure qu'elles sont tirées, et même se toucher.

LES AS

As de Carreau : Près d'un *Carreau :* Si cette Carte est à Gauche, elle indique une Lettre très désagréable. Si elle est à Droite : Des Nouvelles.

As de Carreau : Près de la *Dame de Cœur* ou du *Valet de Cœur :* Billet Doux.

As de Carreau : Près d'un *Cœur :* Annonce un Mariage.

As de Carreau : Près d'un *Roi de Pique :* Nouvelle relativement Mensongère.

As de Carreau : Près du *Dix de Pique :* Lettre Urgente.

As de Carreau : Près d'un autre *Pique :* Lettres ennuyeuses.

As de Carreau : Près d'un *Roi de Trèfle :* Nouvelles d'un Protecteur.

As de Carreau : Près de la *Dame de Trèfle :* Lettres d'Affaires.

As de Carreau : Près d'un autre *Trèfle :* Un retard pour recevoir de l'Argent.

As de Cœur : Près de la *Dame de Cœur :* Bonnes Nouvelles.

As de Cœur : Près du *Valet de Cœur :* Réussite en Amour. Joies.

As de Cœur : Près du *Dix de Carreau :* Absence d'un Ami.

As de Cœur : Près d'un *Carreau :* Une visite si cette Carte est à Gauche. Lettre d'Amour si elle est à Droite.

As de Cœur : Près du *Roi de Trèfle :* Haute Protection.

As de Cœur : Près d'un *Trèfle :* Chance.

As de Cœur : Près du *Roi de Pique :* Rapport avec un Homme de Justice Intègre.

As de Cœur : Près d'un *Pique :* Réunions agréables.

As de Pique : Près du *Roi de Pique :* Papiers à signer pour un Litige.

As de Pique : Près d'un autre *Pique :* Le Procès sera gagné.

As de Pique : Près de la *Dame de Carreau :* Propositions malhonnêtes.

As de Pique : Près d'un *Carreau :* Mauvaises Nouvelles d'Affaires si cette Carte est placée à Droite de l'*As de Pique.*

As de Pique : Près de la *Dame* ou du *Valet de Cœur :* Un Amour déclaré.

As de Pique : Près du *Sept de Cœur :* Une Grossesse.

As de Pique : Près d'un *autre Cœur :* Réussite en Amour.

As de Pique : Près de la *Dame de Trèfle :* Bonnes Affaires Commerciales.

As de Pique : Près d'un autre *Trèfle :* Aisance. Mais si ce *Trèfle* est à Droite de la *Dame de Trèfle,* il y aura des Ennuis d'Argent.

As de Trèfle : Près d'un *Pique :* Secours dans les Ennuis. Si l'*As de Trèfle* est à Gauche du *Pique :* Héritage.
As de Trèfle : Près d'un *Cœur :* Riche Mariage. Lettres d'Amour.
As de Trèfle : Près d'un *Carreau :* Lettres prochaines annonçant une Réussite en Argent.
As de Trèfle : Près d'un *Trèfle :* Si l'*As* est à Gauche de ce *Trèfle :* Un Héritage.

LES ROIS

Roi de Carreau : Près de l'*As de Trèfle :* Avancement.
Roi de Carreau : Près d'un *Cœur :* Possibilité d'un Mariage.
Roi de Carreau : Près du *Valet de Pique :* Trahison d'un Ami.
Roi de Carreau : Près d'un *Carreau :* Disputes.
Roi de Carreau : Près d'un *Pique* (sauf *Roi, Dame, Valet*) : Confiance.
Roi de Carreau : Près d'un *Trèfle :* Le consultant fera un Emprunt.
Roi de Cœur : Près de la *Dame de Cœur :* Mariage ou Union. Si le *Sept* et le *Neuf de Cœur* suivent, annonce d'une Naissance.
Roi de Cœur : Près du *Neuf de Pique :* Divorce.
Roi de Cœur : Près de l'*As de Pique :* Connaissance d'une Étrangère.
Roi de Cœur : Près de *Deux Cœurs :* Pour une Jeune Fille : Mariage.
Roi de Cœur : Près d'un *Cœur :* Aide Amicale.
Roi de Cœur : Près d'un *Trèfle :* Aide Matérielle.
Roi de Pique : Près du *Dix de Pique :* La fin des Ennuis.
Roi de Pique : Près du *Roi de Cœur :* Médecin à consulter.
Roi de Pique : Près du *Neuf de Pique :* Le consultant subira une injustice.
Roi de Pique : Près de la *Dame de Trèfle :* Consultation d'un Avocat.
Roi de Pique : Près d'un *Cœur :* suivi de l'*As de Cœur :* Un Nouvel Amour.
Roi de Trèfle : Près du *Huit de Carreau* à Gauche et de l'*As de Cœur* à Droite : Arrivée d'une Amie.
Roi de Trèfle : Près de la *Dame de Cœur :* Amour et Argent.
Roi de Trèfle : Près du *Neuf de Carreau* et du *Neuf de Pique plus la Dame de Carreau :* Les trois Cartes à Gauche : Fin d'une Liaison.
Roi de Trèfle : près d'un *Cœur :* Relations utiles.
Roi de Trèfle : Près d'un *Carreau :* Un Voyage qui rapportera.
Roi de Trèfle : Près d'un *Sept de Pique :* Utile Protection.
Roi de Trèfle : Près d'un *Trèfle*. S'il se trouve à Droite : Héritage.

LES DAMES

Dame de Carreau : Près d'un *Huit de Pique :* Sur la Gauche : Affront venant d'une femme.
Dame de Carreau : Près de *l'As de Pique :* Une Naissance.
Dame de Carreau : Près d'un *Trèfle :* On volera de l'Argent au consultant.
Dame de Carreau : Près du *Neuf de Pique* suivi de la *Dame de Cœur :* Une séparation.
Dame de Carreau : Près du *Roi de Cœur :* Amour Capricieux de peu de durée.
Dame de Carreau : Près du *Valet de Pique :* Trahison.
Dame de Carreau : Près d'un *Cœur :* Amour tendre pour un Homme.

Dame de Cœur : Près de l'*As de Cœur* suivi de la *Dame de Trèfle :* Succès Amoureux.
Dame de Cœur : Près de la *Dame de Carreau :* Rivalité en Amour.
Dame de Cœur : Près de l'*As de Cœur*, de l'*As de Pique* et de l'*As de Trèfle :* Tous les trois à Gauche de la *Dame de Cœur :* Changement de Vie par Mariage ou Remariage.
Dame de Cœur : Près du *Dix de Carreau :* Une Rencontre Amoureuse.
Dame de Cœur : Près du *Valet de Pique :* Disputes avec ou à cause d'une Femme légère.
Dame de Cœur : Près d'un *Carreau :* Visites apportant de bonnes Nouvelles.
Dame de Cœur : Près d'un *Carreau* et du *Sept de Pique* tous deux à Gauche : Un Voyage sur Route avec une Femme.
Dame de Cœur : Près d'un autre *Pique :* Succès Définitifs.
Dame de Pique : Près de l'*As de Cœur :* Réconciliation.
Dame de Pique : Près d'un *Carreau :* Chagrins venant de Cancanages.
Dame de Pique : Près du *Valet de Cœur :* Brouilles avec l'Entourage.
Dame de Pique : Près d'un *Cœur :* à Gauche de la *Dame de Pique :* Un Veuvage.
Dame de Pique : Près de l'*As de Trèfle :* Le consultant n'a rien à craindre au sujet d'une trahison.
Dame de Pique : Près d'un *Trèfle :* Un Argent dissipé.
Dame de Trèfle : Près du *Neuf de Trèfle :* Une Femme Coquette, Dangereuse.
Dame de Trèfle : Près d'un autre *Trèfle : Une Femme* Riche, Dévouée.
Dame de Trèfle : Près d'un *Pique :* Une Femme Brune Jalouse qui peut nuire au consultant.
Dame de Trèfle : Près du *Dix de Carreau :* Un voyage pour Affaire d'Argent.
Dame de Trèfle : Près du *Roi de Cœur :* Un Homme âgé donnera sa Protection.
Dame de Trèfle : Près d'un *Cœur :* Affection durable.

LES VALETS

Valet de Carreau : Près de l'*As de Trèfle :* Rentrée d'Argent.
Valet de Carreau : Près du *Neuf de Trèfle :* propositions d'Affaires.
Valet de Carreau : Près d'un *Huit* de Pique et d'un *Huit* de Carreau placés à la Gauche. Une Maladie.
Valet de Carreau : Près du *Valet de Pique* et de l'*As de Pique* placés à la Gauche du *Valet de Carreau :* De très Mauvaises Nouvelles.
Valet de Carreau : Près d'un autre *Carreau :* Une Lettre Mystérieuse.
Valet de Carreau : Près du *Sept de Pique :* Succès dans une Entreprise.
Valet de Cœur : Près du *Neuf de Pique* à Droite et du *Huit de Pique* à Gauche : Maladie Grave pour un Jeune Homme Blond.
Valet de Cœur : Près de la *Dame de Cœur :* Amour Prochain.
Valet de Cœur : Près de la *Dame de Carreau :* Amours de très courte durée.
Valet de Cœur : Près du *Neuf de Carreau :* Amour Défendu.
Valet de Cœur : Près du *Sept de Pique :* Chagrins d'Amour.
Valet de Cœur : Près du *Neuf de Carreau* et du *Huit de Trèfle* sur la Droite : Une Séparation pour Question de Finances.

Valet de Pique : Près du *Huit de Pique* et du *Neuf de Trèfle :* Tous deux sur la Gauche : Un Adultère.
Valet de Pique : Près du *Roi de Pique :* Rivalité en tout.
Valet de Pique : Près de la *Dame de Carreau :* Trahison d'une Femme.
Valet de Pique : Près d'un *Cœur :* Danger d'un Amour trompeur pour une Femme.
Valet de Pique : Près d'un autre *Pique :* Abus de Confiance.
Valet de Trèfle : Près du *Valet de Pique* suivi du *Valet de Cœur :* Rivalités.
Valet de Trèfle : Près du *Dix de Cœur :* Bonheur en Ménage.
Valet de Trèfle : Près d'un *Cœur :* Demande en Mariage.
Valet de Trèfle : Près du *Cinq de Trèfle :* Le consultant sera Amoureux d'une Femme mariée.
Valet de Trèfle : Près d'un *Carreau :* Une visite agréable.

LES DIX

Dix de Carreau : Près du *Huit de Pique* à Gauche : Accident dans un Voyage.
Dix de Carreau : Près du *Huit de Carreau* et du *Sept de Cœur* placés à Gauche : Départ à l'Étranger.
Dix de Carreau : Près d'un autre *Carreau :* Petit Déplacement.
Dix de Carreau : Près du *Neuf de Pique*, suivi du *Neuf de Trèfle* et du *Huit de Cœur;* tous sur la Droite : Voyage pour un Mariage.
Dix de Carreau : Près du *Roi de Trèfle :* Puissant Protecteur à rencontrer.
Dix de Carreau : Près d'un *Cœur :* Amour heureux.
Dix de Carreau : Près d'un *Trèfle*, s'il est à Droite du *Dix de carreau :* Héritage.
Dix de Carreau : Près de la *Dame de Cœur :* Une Femme de Cœur.
Dix de Carreau : Près de la *Dame de Cœur :* Une Femme *Carreau* à Gauche : Bénéfices.
Dix de Cœur : Près du *Huit de Carreau :* Démarches à entreprendre.
Dix de Cœur : Près du *Sept de Cœur :* Surprise Heureuse.
Dix de Cœur : Près du *Huit de Cœur*, suivi de l'*As de Cœur* tous à Gauche : Fiançailles.
Dix de Cœur : Près d'un *Trèfle :* Chance totale.
Dix de Cœur : Près du *Neuf de Trèfle :* Réussite par le Travail.
Dix de Cœur : Près d'un *Carreau :* Invitations.
Dix de Cœur : Près de la *Dame de Trèfle :* Avancement dans la Situation.
Dix de Pique : Près du *Dix de carreau*, Chagrins pour un Abandon.
Dix de Pique : Près d'un *Cœur :* Deuil douloureux.
Dix de Pique : Près d'un *Pique :* Deuil Familial.
Dix de Pique : Près du *Neuf de Cœur* suivi du *Huit de Pique :* Chagrins d'Amour.
Dix de Pique : Près de l'*As de Cœur :* Un Télégramme.
Dix de Pique : Près du *Sept de Trèfle :* Réussite et Gains.
Dix de Trèfle : Près d'un Carreau : Surprise d'un Cadeau.
Dix de Trèfle : Près du *Cinq de Carreau :* Trouvaille Agréable.
Dix de Trèfle : Près de la *Dame de Cœur :* Charité à faire.
Dix de Trèfle : Près d'un *Pique :* Nouvelle et lucrative Situation.
Dix de Trèfle : Près du *Neuf de Pique :* Échec.

Dix de Trèfle : Près de l'*As de Cœur :* Résultats heureux.
Dix de Trèfle : Près de la *Dame de Trèfle :* Réussite pécuniaire prochaine.
Dix de Trèfle : Près du *Roi de Cœur :* Appuis Matériels.

LES NEUF

Neuf de Carreau : Près du *Huit de Cœur.* Un Petit Voyage.
Neuf de Carreau : Près de l'*As de Pique :* Un retard en Affaires.
Neuf de Carreau : près du *Huit de Trèfle* à Droite et du *Huit de Carreau* à Gauche : Brouilles entre Femmes. *Neuf de Carreau :* Près de la *Dame de Cœur* à Droite et du *Neuf de Pique* à Gauche : Éloignement Provisoire.
Neuf de Carreau : Près du *Neuf de Trèfle* à Droite et du *Neuf de Pique* à Gauche. Retard pour un contrat ou un Accord.
Neuf de Carreau : Près du Roi de Carreau : Conseils judicieux venant d'un Ami.
Neuf de Carreau : Près du *Huit de Pique :* Attente prolongée.
Neuf de Carreau : Près d'un *Pique :* Procès probable.
Neuf de Carreau : Près d'un *Neuf de Pique* à Gauche et un *Neuf de Trèfle :* à Droite : Retard pour un Argent à recevoir.
Neuf de Carreau : Près du *Dix de Cœur :* Nouveau Travail ou Nouvel Emploi.
Neuf de Cœur : Près du *Sept de Trèfle :* Véritable Amour.
Neuf de Cœur : Près du *Dix de Pique* à Gauche : Jalousie.
Neuf de Cœur : Près du *Roi de Cœur :* Flirt qui se terminera en Liaison. Suivi à Droite du *Neuf de Carreau* et du *Neuf de Pique :* Mariage retardé.
Neuf de Cœur : Près de l'*As de Cœur :* Grand Bonheur en Amour.
Neuf de Cœur : Près d'un *Pique :* Ennuis vite surmontés.
Neuf de Cœur : Près d'un autre *Cœur :* Fidélité.
Neuf de Cœur : Près d'un *Sept de Trèfle :* Grâce à un Ami une excellente affaire sera conclue.
Neuf de Pique : Près d'un *Trèfle :* Une Mort qui laissera indifférent le consultant.
Neuf de Pique : Près du *Huit de Pique :* Un décès.
Neuf de Pique : Près du *Valet de Trèfle :* Désillusions.
Neuf de Pique : Près de l'*As de Cœur;* placé à Gauche : Fin des Peines.
Neuf de Pique : Près de la *Dame de Trèfle* à Gauche et du *Roi de Trèfles* à Droite : Une Rupture.
Neuf de Pique : Près du *Dix de Trèfle :* Héritage possible.
Neuf de Pique : Près d'un *Cœur :* Discordes autour d'une Succession avantageuse.
Neuf de Trèfle : Près du *Sept de Trèfle :* Désillusion pour un Argent attendu.
Neuf de Trèfle : Près d'un *Pique :* Procès gagné.
Neuf de Trèfle : Près de l'*As de Pique* sur la Gauche : Un Talent qui fera gagner de l'Argent.
Neuf de Trèfle : Près du *Valet de Cœur* suivi du *Huit de Pique :* Des Dettes.
Neuf de Trèfle : Près du *Huit de Cœur :* Remariage.

Neuf de Trèfle : Près du *Roi de Trèfle :* Appuis Puissants.
Neuf de Trèfle : Près de l'*As de Trèfle :* Célébrité.
Neuf de Trèfle : Près du *Trois de Carreau :* Soucis d'Argent.
Neuf de Trèfle : Près d'un *Cœur :* Riche Mariage.
Neuf de Trèfle : Près du *Neuf de Pique :* Menace de perdre sa Situation.
Neuf de Trèfle : Près d'un *Carreau :* Déplacement Fructueux.

LES HUIT

Huit de Carreau : Près du *Sept de Pique* et du *Huit de Cœur :* Indécision.
Huit de Carreau : Près du *Huit de Pique* sur la Gauche : Maladie en Voyage.
Huit de Carreau : Près du *Sept de Cœur* à Gauche : Rendez-Vous.
Huit de Carreau : Près de la *Dame de Cœur* ou du *Valet de Cœur :* Rencontre Amoureuse.
Huit de Carreau : Près d'un *Pique :* Échec dans une Démarche.
Huit de Carreau : Près du *Deux de Trèfle :* Une colère.
Huit de Cœur : Près d'un *Carreau :* Lettre d'Amour manquant de Franchise.
Huit de Cœur : Près d'un *Trèfle :* Succès. Argent. Réussite.
Huit de Cœur : Près d'un *Cœur :* Une Femme Blonde peut apporter le Bonheur.
Huit de Cœur : Près du *Huit de Trèfle* et du *Huit de Pique :* Union Malheureuse.
Huit de Cœur : Près du *Roi de Trèfle :* Succès dans les Démarches.
Huit de Cœur : Près de l'*As de Trèfle* et de l'*As de Cœur,* tous deux placés sur la Gauche : Pour une Femme Brune une Proposition de Mariage.
Huit de Pique : Près d'un *Pique :* Peines et Chagrins.
Huit de Pique : Près d'un *Trèfle :* Ennuis de Santé dus à de gros Soucis de Situation.
Huit de Pique : Près d'un *Roi de Carreau :* Affront de la part d'un Homme.
Huit de Pique : Près de la *Dame de Carreau :* Affront venant d'une Femme.
Huit de Pique : Près de l'*As de Cœur* placé à Gauche : Cadeaux de Victuailles.
Huit de Pique : Près de l'*As de Carreau* et de l'*As de Pique* placés tous deux à Gauche du *Huit :* Chômage.
Huit de Pique : Près du *Roi de Cœur :* Bon Présage.
Huit de Pique : Près du *Sept de Cœur :* Petite maladie sans gravité.
Huit de Trèfle : Près de la *Dame de Cœur :* Un Cadeau.
Huit de Trèfle : Près du *Sept de Pique :* Pertes au Jeu.
Huit de Trèfle : Près d'un *Trèfle :* Argent très proche.
Huit de Trèfle : Près d'un *Carreau :* Annonce d'un Mariage qui fera plaisir.
Huit de Trèfle : Près d'un *Cœur :* Rencontre pour traiter d'un Mariage.
Huit de Trèfle : Près du *Neuf de Pique :* Petit Héritage.
Huit de Trèfle : Près d'un *Pique :* Une Passion peut créer des Ennuis.

LES SEPT

Sept de Carreau : Près du *Roi de Pique :* On trompera le consultant en Affaires.
Sept de Carreau : Près d'un *Pique :* Intrigues.
Sept de Carreau : Près d'un *Valet de Cœur :* Mécontentement.

Sept de Carreau : Près de l'*As de Trèfle* placé à Gauche : Une bonne Nouvelle.
Sept de Carreau : Près du *Roi de Carreau* à Droite et du *Neuf de Pique* à Gauche : Un Procès.
Sept de Carreau : Près d'un *Cœur :* Bonheur en Amour.
Sept de Carreau : Près de la *Dame de Pique :* Une Rupture.
Sept de Carreau : Près du *Neuf de Cœur :* Réussite due au Hasard.
Sept de Cœur : Près du *Valet de Pique :* Le consultant aura intérêt à abandonner les Projets en cours.
Sept de Cœur : Près d'un *Trèfle :* Chance si on est Tenace.
Sept de Cœur : Près du *Dix de Pique* placé à Gauche : Surprise heureuse.
Sept de Cœur : Près de l'*As de Cœur* à Gauche et du *Huit de Trèfle* à Droite : Visite d'une Jeune Fille Brune.
Sept de Cœur : Près du *Huit de Carreau :* Rendez-Vous Galant.
Sept de Cœur : Près d'un *Cœur :* Cœur tendre à rencontrer. Sentimentalité.
Sept de Cœur : Près d'un *Carreau :* Réussite dans un Voyage d'Affaires.
Sept de Cœur : Près d'un *Pique :* Obstacles dans les Projets.
Sept de Pique : Près d'un *Carreau :* Peines passagères.
Sept de Pique : Près d'un *Sept de Trèfle :* Un Héritage peut vous échapper.
Sept de Pique : Près d'un autre *Trèfle :* Il ne restera de cet Héritage qu'une modeste Somme d'Argent.
Sept de Pique : Près d'un *Pique :* Très mauvais Signe : les Ennuis iront en s'aggravant.
Sept de Pique : Près d'un *Cœur :* Assurance de Bonheur.
Sept de Trèfle : Près d'un *Pique :* Tracas d'Argent passagers.
Sept de Trèfle : Près du *Cinq de Cœur :* Héritage. Argent.
Sept de Trèfle : Près d'un *Carreau :* Déplacement pour traiter une Affaire proposée.
Sept de Trèfle : Près d'un *Trèfle* à Gauche : Argent inattendu.
Sept de Trèfle : Près du *Cinq de Cœur :* Héritage.
Sept de Trèfle : Près du *Deux de Trèfle :* Perte d'Argent.

LES SIX

Six de Carreau : Près du *Neuf de Carreau :* Soucis.
Six de Carreau : Près de la *Dame de Carreau :* Jalousie en Amour.
Six de Carreau : Près de la *Dame de Cœur :* Disputes dans le Ménage.
Six de Carreau : Près du *Huit de Cœur :* La Confiance renaît, le Bonheur suivra.
Six de Carreau : Près du *Neuf de Cœur :* Heureux Arrangements en tous Domaines.
Six de Carreau : Près du *Neuf de Trèfle :* Menace de Perte de Travail.
Six de Carreau : Près de la *Dame de Pique :* Méfiez-vous des Bavardages.
Six de Cœur : Près de l'*As de Carreau :* Déclaration d'Amour.
Six de Cœur : Près de la *Dame de Trèfle :* Esprit Léger.
Six de Cœur : Près du *Dix de Carreau :* Attention aux Pièges que l'on vous tendra.
Six de Cœur : Près du *Neuf de Pique :* Grande Peine pour une Rupture.
Six de Cœur : Près de l'*As de Cœur :* Petits Succès en Amour.
Six de Pique : Près du *Trois de Carreau :* Accord du Ménage menacé.

Six de Pique : Près de l'*As de Carreau :* Papiers venant de la Justice.
Six de Pique : Près de l'*As de Trèfle :* Conclusion Heureuse d'un Procès.
Six de Pique : Près de la *Dame de Cœur :* Petite Querelle d'Amoureux.
Six de Pique : Près du *Valet de Carreau :* Dénonciation Anonyme.
Six de Pique : Près de l'*As de Cœur :* Arrangement à l'Amiable.
Six de Trèfle : Près de la *Dame de Trèfle :* Indécision.
Six de Trèfle : Près du *Deux de Trèfle :* Fin Prochaine des Tracas.
Six de Trèfle : Près de la *Dame de Pique :* Victoire sur une Femme Méchante, Intrigante.
Six de Trèfle : Près du *Huit de Pique :* Tristesse.
Six de Trèfle : Près du *Huit de Trèfle :* Argent mal placé.

LES CINQ

Cinq de Carreau : Près de la *Dame de Cœur :* Coup de Foudre en Amour.
Cinq de Carreau : Près du *Neuf de Trèfle :* Réussite et Gains au Jeu.
Cinq de Carreau : Près de la *Dame de Pique :* Se Méfier d'un possible Scandale.
Cinq de Carreau : Près de la *Dame de Carreau :* Penchants pour une Vie Dissolue.
Cinq de Carreau : Près du *Neuf de Pique :* Santé menacée par une Vie Libertine et Dissolue.
Cinq de Cœur : Près du *Neuf de Carreau :* Infidélité.
Cinq de Cœur : Près du *Dix de Trèfle :* Des Cadeaux à recevoir.
Cinq de Cœur : Près du *Neuf de Trèfle :* Gains Avantageux.
Cinq de Cœur : Près de la *Dame de Cœur :* Amour Durable.
Cinq de Cœur : Près du *Valet de Carreau :* Une Nouvelle inespérée qui peut se terminer par un Mariage entre Cousins ou Beaux-Frères ou Belles-Sœurs.
Cinq de Cœur : Près de l'*As de Cœur :* Grandes Satisfactions.
Cinq de Pique : Près de la *Dame de Carreau :* Vengeance d'une Femme.
Cinq de Pique : Près de la *Dame de Cœur :* Mauvaises langues cherchant à nuire à des Amoureux ou à un Ménage.
Cinq de Pique : Près du *Neuf de Trèfle :* Échec dans un Travail.
Cinq de Pique : Près du *Huit de Pique :* Danger de Mort pour le consultant ou pour son Entourage.
Cinq de Pique : Près du *Dix de Pique :* Deuil d'un Parent éloigné.
Cinq de Pique : Près du *Huit de Pique :* Maladie assez Grave.
Cinq de Pique : Près du *Dix de Trèfle* placé à Gauche : Difficultés d'Argent.
Cinq de Pique : Près du *Neuf de Carreau :* Danger dans un Voyage. Il faudra être Prudent.
Cinq de Trèfle : Près du *Neuf de Cœur :* Bénéfices Importants.
Cinq de Trèfle : Près du *Valet de Pique :* Danger d'un Vol.
Cinq de Trèfle : Près du *Neuf de Trèfle :* Une Association.
Cinq de Trèfle : Près du *Deux de Pique :* Réconciliation avec un Ami ou une Amie.
Cinq de Trèfle : Près de l'*As de Carreau :* Bonnes Nouvelles à propos de rentrées d'Argent.
Cinq de Trèfle : Près de la *Dame de Carreau :* Risques de Grosses Pertes dans les Affaires à cause de la Négligence du consultant.

LES QUATRE

Quatre de Carreau : Près du *Dix de Trèfle :* Rentrée d'Argent.
Quatre de Carreau : Près du *Dix de Pique :* Une Surprise.
Quatre de Carreau : Près du *Sept de Pique :* Réceptions. Invitations.
Quatre de Carreau : Près du *Huit de Carreau :* Promenade Familiale.
Quatre de Carreau : Près de la *Dame de Cœur :* Rendez-Vous Sentimental.
Quatre de Carreau : Près de la *Dame de Carreau :* Petit Flirt sans Importance.
Quatre de Cœur : Près du *Cinq de Pique :* Danger d'Incendie.
Quatre de Cœur : Près de la *Dame de Pique :* Liaison Dangereuse.
Quatre de Cœur : Près du *Dix de Cœur :* Soucis de Famille.
Quatre de Cœur : Près de la *Dame de Cœur :* Ennuis Sentimentaux.
Quatre de Cœur : Près de l'*As de Carreau :* Fausses Nouvelles.
Quatre de Cœur : Près de la *Dame de Carreau :* Une Amie Dangereuse, se méfier.
Quatre de Cœur : Près du *Dix de Trèfle :* Soucis d'Argent à ne pas prendre au Tragique.
Quatre de Cœur : Près du *Huit de Carreau :* Un Incident troublera une Fête Amicale.
Quatre de Pique : Près d'un *Neuf de Pique :* Risque d'Emprisonnement.
Quatre de Pique : Près de la *Dame de Pique :* Menace de Perte d'un Procès.
Quatre de Pique : Près de la *Dame de Trèfle :* Économies Indispensables.
Quatre de Pique : Près du *Neuf de Carreau :* Déceptions en tous Domaines.
Quatre de Pique : Près du *Neuf de Cœur :* Grand Bonheur qui sera le Bienvenu dans un Climat Soucieux.
Quatre de Trèfle : Près du *Trois de Pique :* Surprise d'un Cadeau.
Quatre de Trèfle : Près du *Huit de Pique :* Difficultés.
Quatre de Trèfle : Près de la *Dame de Pique :* Bagarres.
Quatre de Trèfle : Près de la *Dame de Cœur :* Pour une Jeune Femme, Espoir de Prochaines Fiançailles.
Quatre de Trèfle : Près du *Neuf de Cœur :* Amour Durable.
Quatre de Trèfle : Près du *Valet de Trèfle :* Réussite en Affaires.

LES TROIS

Trois de Carreau : Près de la *Dame de Trèfle :* Le consultant réussira auprès d'une Femme en ayant l'Audace de lui parler.
Trois de Carreau : Près de la *Dame de Cœur :* Timidité Regrettable.
Trois de Carreau : Près du *Valet de Pique :* Attention aux Imprudences en tous domaines.
Trois de Carreau : Près du *Huit de Pique :* Une Timidité irraisonnée apporte l'Insuccès et l'Échec.
Trois de Carreau : Près d'un *Roi Quelconque :* Appuis. Protections.
Trois de Cœur : Près d'un *Carreau :* Promenade à la Campagne en Bonne Compagnie.
Trois de Cœur : Près du *Dix de Carreau :* Visite à un Prêtre.
Trois de Cœur : Près d'un *Trèfle :* Prospérité.
Trois de Cœur : Près d'un *Pique :* Succès dans le Travail.

Trois de Cœur : Près de la *Dame de Carreau :* Réunion Joyeuse.
Trois de Cœur : Près de la *Dame de Cœur :* Fin d'un Malentendu.
Trois de Pique : Près du *Neuf de Pique :* Brouille avec un Parent.
Trois de Pique : Près de la *Dame de Trèfle :* Les Revenus seront en baisse.
Trois de Pique : Près du *Neuf de Trèfle :* Un Changement.
Trois de Pique : Près du *Dix de Carreau :* Séparation d'avec la Famille, sans doute à cause d'un Départ.
Trois de Pique : Près de la *Dame de Cœur :* Tristesse pour cette Séparation.
Trois de Pique : Près du *Cinq de Cœur :* Des Amis Reviennent.
Trois de Trèfle : Près du *Dix de Cœur :* La Famille aidera de son mieux.
Trois de Trèfle : Près de la *Dame de Carreau :* Bons Conseils à suivre.
Trois de Trèfle : Près de la *Dame de Pique :* Grande Paresse à corriger.
Trois de Trèfle : Près de la *Dame de Trèfle :* On vous prêtera de l'Argent.
Trois de Trèfle : Près du *Dix de Trèfle :* Réussite par Aide Familiale.
Trois de Trèfle : Près du *Neuf de Trèfle :* Considération.
Trois de Trèfle : Près du *Dix de Carreau :* Honneurs.
Trois de Trèfle : Près de la *Dame de Cœur :* Petite Joie.

LES DEUX

Deux de Carreau : Près du *Dix de Cœur :* Changement de Vie ou de Travail.
Deux de Carreau : Près du *Valet de Cœur :* Manque d'Affection.
Deux de Carreau : Près du *Roi de Pique :* Se méfier d'une Personne très Jalouse et de ce fait Dangereuse.
Deux de Carreau : Près du *Valet de Pique :* Mort d'un Ami.
Deux de Carreau : Près du *Quatre de Trèfle :* Une Bonne Nouvelle.
Deux de Cœur : Près de la *Dame de Trèfle :* Accord au sujet d'un Argent.
Deux de Cœur : Près du *Dix de Trèfle :* Vous partagerez des Bénéfices.
Deux de Cœur : Près du *Valet de Carreau :* Visite d'un Ami ou d'une Amie.
Deux de Cœur : Près du *Dix de Pique :* Rupture de Promesse de Mariage.
Deux de Cœur : Près du *Neuf de Pique :* Méfiez-vous d'un Homme, Parent ou Ami.
Deux de Pique : Près du *Neuf de Pique :* Soyez sur vos Gardes, il y a menace de Trahison.
Deux de Pique : Près du *Dix de Cœur :* La Jalousie conduira à des Dissensions en Famille.
Deux de Pique : Près du *Huit de Pique :* Humeur Fantasque, peu Sociable, qui suscitera au consultant de Nombreux Ennemis.
Deux de Pique : Près du *Huit de Trèfle :* Votre Confiance est mal placée.
Deux de Trèfle : Près du *Huit de Pique :* Danger de Maladie Nerveuse ; le consultant doit absolument se faire soigner.
Deux de Trèfle : Près du *Dix de Carreau :* Dépression due aux Soucis.
Deux de Trèfle : Près de la *Dame de Cœur :* Fiançailles retardées à cause de la Maladie d'un Membre de la Famille.
Deux de Trèfle : Près du *Valet de Carreau :* Le consultant ne doit rien entreprendre sans avoir mûrement réfléchi.
Deux de Trèfle : Près d'un *Cœur :* Les Projets sont Rentables à condition d'Agir énergiquement.
Deux de Trèfle : Près du *Valet de Trèfle :* Le consultant doit en toute circonstance agir avec Discrétion envers ses Amis et Connaissances.

II. — AVEC UN JEU DE 32 CARTES

Avec le jeu ordinaire de 32 cartes, vous avez de multiples possibilités, celles-ci notamment :

Jeu du destin
Jeu par la date de naissance

LE JEU DU DESTIN AVEC 32 CARTES

Battez les cartes. Coupez ou faites couper de la main gauche. Gardez le paquet dans votre main gauche.

Avec la main droite, prenez sur le dessus du paquet trois cartes, retournez-les, tout en les gardant dans la main.

Si ces trois cartes sont de couleurs différentes, mettez-les de côté.

Si vous retournez deux cartes de même couleur, prenez celle qui se trouve le plus près de votre pouce.

Placez-la devant vous à gauche, sur la table. Elle va constituer la première carte du jeu.

Reprenez trois autres cartes, toujours sur le dessus du paquet.

Si vous avez retourné trois cartes différentes, par exemple le dix de cœur, le roi de carreau et le valet de pique, vous les mettez de côté.

Mais si les trois cartes suivantes sont toutes les trois de même couleur (par exemple : trois trèfles, ou trois carreaux ou trois cœurs) ou trois cartes de même valeur, vous les mettez à la suite de la première carte déjà en place et toujours à sa droite.

En procédant toujours de la même façon, tirez au moins treize cartes et au plus 21 que vous disposez en demi-cercle. Le nombre de cartes sorties doit toujours être impair.

Lorsque le paquet est épuisé, ramassez toutes les cartes mises de côté. Battez-les, coupez ou faites couper.

Recommencez à retourner trois cartes en gardant toujours celles qui sont de même couleur ou de même valeur et en rejetant les autres.

Vérifiez ensuite si la carte représentant le consultant ou la consultante est sortie dans le jeu.

Si elle n'y est pas, il faut la chercher dans les cartes restantes et la placer à la suite des autres, en dernier.

Le jeu forme devant vous une rangée de cartes horizontale.

Voici un exemple du « Jeu du Destin » avec un tirage de 15 cartes :

Supposons que la consultante soit une Femme Brune assez Jeune.

Elle sera représentée par la *Dame de Trèfle*.

Après avoir sorti les Cartes comme expliqué ci-dessus, on a dans l'ordre :

Dame de Trèfle (Consultante)
Sept de Trèfle Renversé
Dame de Carreau Renversée
Dix de Pique
Valet de Pique
Valet de Trèfle Renversé
As de Trèfle
Dix de Carreau
Huit de Carreau
Dame de Cœur
Valet de Cœur
As de Cœur
Huit de Trèfle
As de Carreau
Neuf de Pique

(Toutes les cartes ne portant aucune indication droit ou renversé sont droites.)

Soit *Quinze* Cartes. Chiffre *Impair*. La carte de la consultante est sortie. Examinez d'abord l'ensemble du Jeu et la signification des groupements. Cela donne :

Trois As Droits : Quelques difficultés.

Trois Dames dont *Dame de Carreau* Renversée : Discussions. Commérages de Femmes.

Trois Valets dont *Valet de Trèfle* Renversé : Tracas Sentimentaux qu'il ne faut pas exagérer.

Deux Dix : Un petit Voyage.

Deux Huit : Nouvelles Connaissances.
Les Cœurs, Trèfles et *Carreaux* dominent. Réussite dans le Travail et les Amours.

A présent voyons les Rencontres :

La Dame de Trèfle (la Consultante) se trouve près d'un *Trèfle :* Elle sera aidée par une Femme riche et Bonne.
La Dame de Carreau près du *Dix de Pique :* La Consultante doit bien réfléchir avant de prendre une décision.
Le Valet de Pique près du Valet de Trèfle : Attention à une personne déloyale.
As de Trèfle près du *Dix de Carreau :* Lettre apportant de bonnes Nouvelles.
Le Huit de Carreau près de la *Dame de Cœur :* une rencontre Amoureuse.
Le Valet de Cœur près de l'*As de Cœur :* Perspectives de Fiançailles avec une personne ayant une belle Situation.
Le Huit de Trèfle près de l'*As de Carreau :* Mariage confirmé.
Le Neuf de Pique près de la *Dame de Trèfle :* La Consultante apprendra la Mort d'une connaissance, ce qui ne la touchera pas.

Le Jeu de cette Consultante paraît assez bon à première vue.

Regardez maintenant la signification de chaque Carte. Voici comment procéder :

Comptez à partir de la Carte de la Consultante, c'est-à-dire la *Dame de Trèfle :* 1 sur cette carte, puis 2, 3, 4, 5 en allant de Droite à Gauche.

Le 5 tombe sur le *Valet de Pique* qui sera la première Carte à expliquer : Liaison malheureuse. Rivalité d'Amoureux.

A partir du *Valet de Pique,* comptez à nouveau : 1, 2, 3, 4, 5 qui tombe sur le *Huit de Carreau :* Cette Carte indique un petit Voyage.

Continuez à compter 1, 2, 3, 4, 5 : c'est le *Huit de Trèfle* qui représente une Jeune Brune ayant quelques Ennuis.

Comptez à partir de ce *Huit de Trèfle* toujours de même et vous tombez sur le *Sept de Trèfle* Renversé : Indication d'une rentrée d'Argent possible.

A partir de ce *Sept de Trèfle* la 5ᵉ Carte se trouve être le *Valet de Trèfle.* Carte assez néfaste. Si la Consultante est mariée, c'est une menace de désordre dans son Ménage. Ensuite, vient la *Dame de Cœur,* très bonne pour la Consultante.

Et encore 1, 2, 3, 4, 5. Cette fois vous tombez sur l'*As de Carreau* qui apporte de Bonnes Nouvelles.

A partir de cette Carte, vous arrivez sur la *Dame de Carreau* représentant une Femme méchante ou une Étrangère dont il faut se méfier ; elle peut faire beaucoup de mal à la Consultante.

Ensuite à la 5ᵉ Carte, c'est l'*As de Trèfle,* indication d'une réussite.

De l'*As de Trèfle* vous tombez sur le *Valet de Cœur :* Un Ami est tout prêt à vous avancer de l'Argent.

Comptez encore pour arriver sur le *Neuf de Pique* qui annonce un chagrin à cause d'une Femme méchante.

Puis vous trouvez toujours en comptant : le *Dix de Pique.* Mauvaise santé. Puis le *Dix de Carreau :* Déplacement utile.

Enfin le dernier compte vous donne l'*As de Cœur* qui termine avec l'annonce d'un important Changement de Vie.

LE JEU PAR LA DATE DE NAISSANCE AVEC 32 CARTES

Demandez au Consultant ou à la Consultante sa Date de Naissance ou prenez la vôtre si vous tirez les Cartes pour vous-même.

Il faut avec cette Date trouver le Chiffre Porte-Bonheur.

Par exemple : le Consultant est né le 12/4/1914. Ce qui donne en additionnant tous les chiffres : 1 + 2 + 4 + 1 + 9 + 1 + 4 = 22.

Additionnez encore ces Deux derniers chiffres soit : 2 + 2 = 4.

Dans ce cas le chiffre Porte-Bonheur est le 4. Il varie naturellement suivant les dates de naissance.

Ce chiffre servira à faire le Jeu.

Procédez de la manière suivante :

Prenez le Jeu de 32 Cartes; battez-les; coupez ou faites couper.

Tenez le paquet dans la main droite et avec la main gauche prenez successivement 4 cartes sans les retourner. Rejetez les 3 premières et gardez la 4e. Empilez au fur et à mesure les cartes retenues dans l'ordre où elles ont été tirées. Continuez jusqu'à ce que vous ayez 13 cartes retenues (lorsque le paquet est épuisé, reconstituez-en un autre avec les cartes rejetées).

Disposez-les en *Quatre* Paquets :

Trois Cartes l'une sur l'autre à Gauche.

Trois Cartes l'une sur l'autre au Milieu.

Trois Cartes l'une sur l'autre à Droite.

Et enfin Quatre Cartes au-dessus.

Le Premier Paquet à Gauche représente le Consultant.

Le Second Paquet au Milieu, la Fortune et la situation.

Le Troisième Paquet à Droite, le Sentiment.

Le Quatrième Paquet au-dessus, la Surprise.

Pour une personne née le 6 décembre 1924, le chiffre porte-bonheur serait : 6 + 1 + 2 + 1 + 9 + 2 + 4 = 25, soit 2 + 5 = 7. En prenant les cartes on garde dans ce cas la 7e.

Vous lirez chacun des Paquets séparément, de gauche à droite en terminant par la surprise.

Voici un Exemple de ce Jeu :

En prenant la date de naissance déjà donnée, soit 12/4/1914, vous obtenez, comme nous l'avons vu, « le chiffre du bonheur » : 4.

Tirez 13 cartes, en procédant comme nous venons de l'expliquer (3 cartes rejetées, la 4e gardée, jusqu'à obtention d'un paquet de 13 cartes).

Formez-en 4 paquets :

— 3 paquets de 3 cartes

— 1 paquet de 4 cartes

Disposez côte à côte les 3 paquets de 3 cartes. Le premier, à gauche, représente le consultant ; celui du centre la fortune et la situation, celui de droite les sentiments.

Placez le paquet de 4 cartes au-dessus des autres : il représente la « surprise », c'est-à-dire un événement inattendu pour le consultant.

Commencez par lire le Paquet du Consultant à Gauche. Il s'y trouve :

Le Roi de Pique.

Le Sept de Trèfle Renversé.

La Dame de Trèfle Renversée.

Cela signifie que le Consultant se trouve en butte à des difficultés matérielles. Il doit prendre conseil d'un Homme de Loi. Il n'est pas exclu qu'une Femme Brune soit mêlée d'une façon ou d'une autre à ses problèmes.

Dans le Paquet du Milieu il y a :

Le Neuf de Trèfle.

Le Roi de Trèfle.

Le Roi de Carreau.

Ce sont de bonnes Cartes. Indication d'une Protection venant d'un Homme bon ayant une haute situation. Le Consultant peut compter sur lui et sur l'appui d'un autre homme en qui il peut avoir toute confiance.

Dans le Troisième Paquet, vous découvrez :

Le Huit de Pique.

Le Dix de Pique.

Le Valet de Carreau sera porteur d'un Message d'Amour.

Malheureusement le *Huit de Pique* et le *Dix de Pique* sont défavorables.

Si le Consultant n'est pas loyal envers la personne qui s'intéresse à lui, ce serait regrettable, car cette personne ferait un très bon parti pour un Mariage. Enfin regardez le Quatrième Paquet. Il se compose de :

Sept de Cœur Renversé.

Huit de Carreau.

Valet de Trèfle.

As de Trèfle.

Par la maladresse du Consultant une personne souffrira. Néanmoins tout peut s'arranger après une sincère explication. Annonce par lettre d'une rentrée d'Argent et d'un réel succès dans les Affaires.

LES TAROTS

I. — LE TAROT DE MARSEILLE

Le Tarot de Marseille se compose de 78 lames (c'est-à-dire cartes) dont 22 portent le nom de lames Majeures et 56 le nom de Mineures. Les lames Majeures donnent la signification de la prédiction. Les lames Mineures complètent cette prédiction en permettant d'indiquer des événements secondaires de l'avenir. Commençons par étudier la signification des lames ; nous verrons ensuite comment il faut procéder pour les interroger et les faire parler.

SIGNIFICATION DES 22 LAMES MAJEURES

N° 1 : Le *Bateleur*. Consultant ou Mari. Amant ou Fiancé. Il marque le point de Départ de quelque chose.

Un Éveil et une Création se dégagent pour le Consultant. Un fait va orienter sa Vie.

Les autres Lames préciseront la Direction.

Si le *Bateleur* se trouve dans le Jeu d'une Consultante, il s'agit de la rencontre avec un Homme. Signifie aussi un Mariage proche ou la Légalisation d'une Liaison.

I
LE · BATELEUR

II
LA · PAPESSE

III
L'IMPÉRATRICE

IIII
L'EMPEREUR

V
LE · PAPE

VI
L'AMOVREVX

VII
LE CHARIOT

VIII
LA · JUSTICE

VIIII
L'HERMITE

X
LA·ROUE FORTUNE

XI
LA FORCE
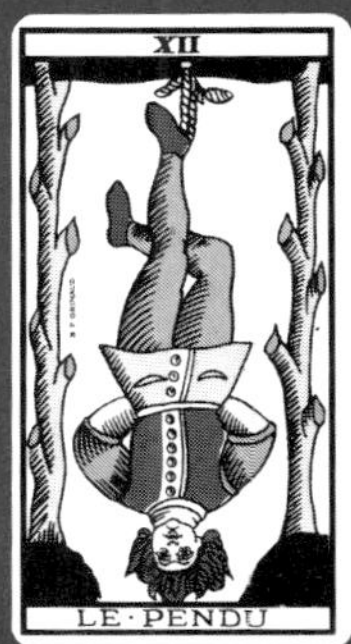
XII
LE · PENDU

XIII
XIIII
TEMPÉRANCE
XV
LE · DIABLE
XVI
LA · MAISON · DIEV
XVII
L'ÉTOILE
XVIII
LA · LUNE
XVIIII
LE · SOLEIL
XX
LE · JUGEMENT
XXI
LE · MONDE
LE · MAT
II
II
III
III

IIII
V
VI
VII
VIII
VIIII
X
II
III
IIII
V
VI

VII
VII
VIII
VIII
VIIII
VIIII
X
X
B.P. GRIMAUD
1930
1748

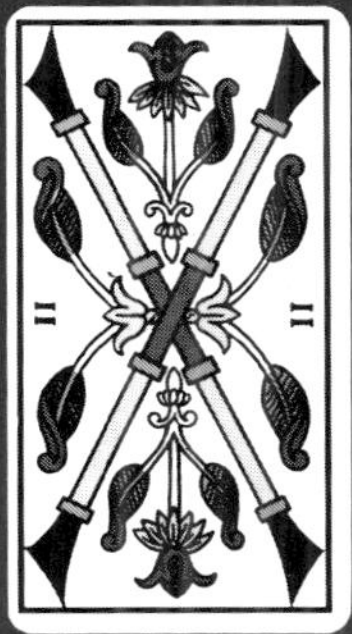
II
II

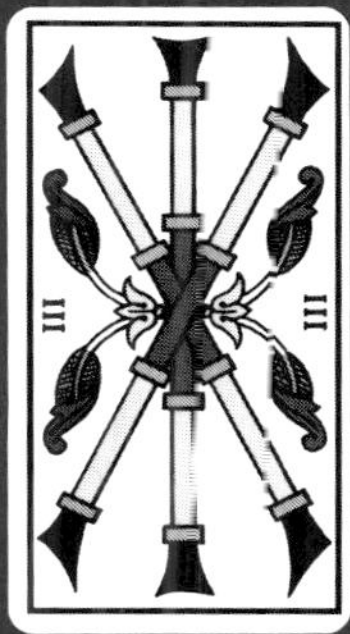
III
III

IIII
IIII

V
V

VI
VI

VII
VII

VIII
VIII

VIIII
VIIII

X
X

ROY · D'ÉPÉE

REYNE · D'ÉPÉE

CAVALIER · D'ÉPÉE

VALET · D'EPÉE

ROY · DE · COUPE

REYNE · DE · COUPE

CAVALIER · DE · COUPE

VALET · DE · COUPE

ROY · DE · DENIERS

REYNE · DE · DENIERS

Le *Bateleur* près de la *Maison-Dieu* signifie Effondrement prochain.
Auprès du *Monde* un Triomphe.
Auprès du *Chariot,* la fin rapide des difficultés.

N° 2 : La *Papesse :* Est Bénéfique.
Pour le Consultant il s'agit d'une Femme.
Pour la Consultante, il s'agit d'elle-même.
Elle annonce la Fécondité, des Acquisitions.

N° 3 : *L'Impératrice :* Elle représente les personnes Jeunes, Intelligentes, animées de Bonnes Intentions en faveur du Consultant.
Les Frères, les Sœurs sont aussi régis par elle.
Son Esprit d'Initiative permet d'être une Médiatrice en cas de conflit.
Elle symbolise tous les Intermédiaires et aussi les Livres. Le Rail. L'Avion. Le Facteur.

N° 4 : *L'Empereur :* La Puissance, la Volonté.
Fortes possibilités matérielles pour le Consultant.
Pour la Consultante, il peut s'agir de la Rencontre d'un Homme important ou de la Promotion d'une Personne à laquelle elle s'intéresse.
Cette Carte est excellente ; elle représente l'Action triomphante ; les Affaires florissantes.

N° 5 : *Le Pape :* la Puissance Spirituelle, la Légalité.
Les autres Cartes entourant le *Pape* préciseront comment le Consultant va recevoir un fait sortant de sa vie ordinaire. C'est la Carte de l'Inspiration, des Dons pour l'Enseignement, d'Acceptation d'un détachement nécessaire.

N° 6 : *L'Amoureux :* Lame assez neutre dirigée par les Lames voisines.
Elle met en cause les Liaisons, les Unions, les Mariages, les Associations.

N° 7 : *Le Chariot :* Lame du Triomphe, de l'Avancement, de la popularité. C'est la Carte la plus forte, la plus heureuse du Tarot. Elle indique : Protection, Réalisation et récompense des travaux personnels. Conquêtes et Victoire. Heureux projets de Mariage. Célébrité dans tous les domaines.

N° 8 : *La Justice :* Représente la *Loi.*
Elle indique un contact possible avec la *Justice.*
Suivie de la lame XV *Le Diable* elle peut signifier un Châtiment. Le Consultant doit s'attendre à ne récolter que ce qu'il a semé. Sur le plan Sentimental et Affectif, cette Lame annonce souvent un Divorce ou un Procès.

N° 9 : *L'Ermite :* Symbolise les Gens Agés. Dans certains cas, la Science.
Ni Bénéfique ni Maléfique, elle signifie la Solitude. Elle influence le Célibat et s'avère contraire à l'Union Légale. Elle fait naître des Retards et une Solitude souvent mal acceptée.

N° 10 : *La Roue de la Fortune :* Lame du Changement immédiat.
Elle représente la Fin d'un Cycle. La possibilité de quelque chose entièrement nouveau.
Selon l'entourage des Lames voisines, il y aura une modification heureuse de la Vie du Consultant à la suite d'Événements Imprévus.

N° 11 : *La Force :* L'Image Tarotique de cette Lame enferme la Sexualité

et la Procréation. Une des meilleures Lames du Tarot : elle indique la Force d'action sur autrui.
Rayonnement et Bonheur dans le Mariage ou une Liaison.

N° 12 : *Le Pendu :* Le sens profond de cette Lame est celui des épreuves et des sacrifices personnels.
Au sens matériel, elle indique : Fraudes, Adultère, Trahisons, Fuite sans espoir.

N° 13 : *La Mort :* Sur tous les plans c'est la fin d'un cycle. Pas toujours la mort physique. Selon les Cartes avoisinantes, elle signifie : Rupture, Décès, Fin d'Illusion.

N° 14 : *La Tempérance :* Le plus souvent bénéfique.
Elle délivre et conduit vers un Avenir meilleur. Conciliation. Signe aussi de Voyages, de nouvelles Affections.
Ces changements peuvent avoir du retard, mais sont inéluctables.

N° 15 : *Le Diable :* Apporte les passions aveugles et les inévitables déceptions qui en découleront. Tendance à la débauche. Corruption par l'Argent.

N° 16 : *La Maison-Dieu :* La lame la plus néfaste du Tarot. Synonyme de catastrophes. Difficultés majeures.

N° 17 : *L'Étoile :* Lame de Consolation, d'Espérance.
Elle annonce la venue de véritables Amis et la fin prochaine des difficultés. Lame Bénéfique et d'Harmonie qui peut aussi signifier une Vocation, une Mission.

N° 18 : *La Lune :* Indique la nature de l'entourage de la Consultante ou du Consultant. C'est la Lame des Mirages, des Revers, sauf si de bonnes Cartes fortes l'entourent.

N° 19 : *Le Soleil :* Une des meilleures Lames.
Elle atténue les effets maléfiques des mauvaises Lames du Jeu.
Chance prochaine pour le Consultant.

N° 20 : *Le Jugement :* Généralement bénéfique.
Elle se contente de refléter le Passé proche du Consultant pour le juger. Il pourra bénéficier de nouvelles possibilités.
Bonne Carte sur le plan Sentimental.

N° 21 : *Le Monde :* La meilleure du Tarot. C'est toujours l'indication d'un triomphe et de la réalisation de tous les désirs du Consultant.

N° 0 : *Le Mât :* N'est marqué par aucun Nombre. C'est une Lame d'Instabilité. Il est le signe de Migration, de Départ, d'Abandon volontaire, de Sentiments sans profondeur. Aussi de Faillite, Pertes financières et manque de loyauté.

SIGNIFICATION DES 56 LAMES MINEURES

L'As d'Épée : Début d'une entreprise. Volonté.
L'As de Coupe : Représente le Cœur, l'Amour, une Passion.
L'As de Denier : La Fortune ou une très grosse somme d'Argent.
L'As de Bâton : Chance à saisir.
Roi d'Épée : Représente les Juges, les Avocats.
Dame d'Épée : Une Veuve ou Divorcée.
Cavalier d'Épée : Nouvelle pour une femme. Appui militaire.
Valet d'Épée : Tracas juridiques, Huissiers, Avoués.
Roi de Coupe : Homme bon d'un certain âge.
Dame de Coupe : Femme dévouée, aimante.
Cavalier de Coupe : Nouvel Amour.
Valet de Coupe : Pour un homme : un ami. Pour une femme : amoureux, fiancé.
Roi de Denier : Les Banquiers, les Riches.
Dame de Denier : Femme riche, intéressée.
Cavalier de Denier : Rentrée d'argent, changement heureux.
Valet de Denier : Richesses par ses mérites et le travail.
Le Roi de Bâton : Le Patron. L'Employeur. Le Propriétaire.
La Dame de Bâton : Une Étrangère.
Le Cavalier de Bâton : Nouvelle pour un Changement.
Le Valet de Bâton : Représente le Facteur. Nouvelles prochaines.
2 d'Épée : Rivalité.
3 d'Épée : Lettre Urgente. Débat.
4 d'Épée : Fin des Ennuis.
5 d'Épée : Nouvelle Activité. Maladies. Progrès.
6 d'Épée : Difficultés. Petits Malaises.
7 d'Épée : Oppositions. Possibilité de vaincre.
8 d'Épée : Difficultés. Blessures graves. Maladies.
9 d'Épée : Politique. Justice.
10 d'Épée : Réalisation importante.
2 de Coupe : Rivalité Sentimentale.
3 de Coupe : Rencontre Amoureuse.
4 de Coupe : Remariage. Stabilité.
5 de Coupe : Naissance. Nouvel Amour.
6 de Coupe : Attente. Crise Sentimentale.
7 de Coupe : Mariage. Union.

8 de Coupe : Fin d'un Amour.
9 de Coupe : Amour Étranger.
10 de Coupe : Importante Réalisation en Amour.
2 de Denier : Rivalité Financière
3 de Denier : Mouvements de fonds. Précautions à prendre au sujet d'Argent.
4 de Denier : Gains pour la Famille. Richesses à venir.
5 de Denier : Nouvelles Affaires Financières.
6 de Denier : Travail de peu de profits. Crise. Difficultés.
7 de Denier : Apport d'Argent. Succès.
8 de Denier : Dettes. Crise. Possibilité d'Héritage selon Cartes de l'entourage.
9 de Denier : Argent venant de l'Étranger ou par gain d'un Procès.
10 de Denier : Réussite Financière importante.
2 de Bâton : Décision à prendre. Rivalité.
3 de Bâton : Petit Voyage. Lettre d'Affaires.
4 de Bâton : Retraite. Idées de Constructions.
5 de Bâton : Extension dans nouvelle Entreprise.
6 de Bâton : Difficultés dans le Travail.
7 de Bâton : Associations possibles.
8 de Bâton : Démarches. Transformations.
9 de Bâton : Voyage. Argent à l'Étranger. Retard.
10 de Bâton : Réussite importante. Contrats.

LES RENCONTRES

Les *Rencontres* sont deux ou plusieurs Lames (ou Cartes) Majeures qui se suivent ; leur disposition a une signification que voici :

L'AMOUREUX

L'Amoureux + Bateleur + Roue de la Fortune : Changement de travail.
L'Amoureux + Bateleur + Pendu + Papesse : Départ d'une Femme .
L'Amoureux + Roue de la Fortune + La Lune : Entreprise Commerciale.
L'Amoureux + Pendu + Roue de la Fortune + Étoile : Guérison.
L'Amoureux + Pendu + Soleil + La Lune + Le Pape : Infidélité.
L'Amoureux + Le Diable + Le Soleil : Vocation Scientifique.

LE BATELEUR

Bateleur + Roue de la Fortune + Maison-Dieu : Accident.
Bateleur + La Force + La Papesse + Le Diable : Acte sexuel.
Bateleur + La Force + Pendu + La Lune + La Papesse + Le Diable : Adultère du conjoint.
Bateleur + Le Pape + Le Diable : Rentrée d'argent inopinée.
Bateleur + l'Empereur : Avancement professionnel.
Bateleur + Roue de la Fortune : Changement.
Bateleur + Le Jugement + Le Chariot : Départ prochain.
Bateleur + Chariot : Voyage.
Bateleur + L'Amoureux + Maison-Dieu : Dépression nerveuse.
Bateleur + La Force + La Lune : Dispute avec une Femme.
Bateleur + La Roue de la Fortune + La Papesse + La Lune + Maison-Dieu : Divorce.
Bateleur + L'Ermite + L'Amoureux + Le Pendu : Échec.
Bateleur + L'Amoureux + Le Soleil + La Papesse + Le Chariot : Connaissance Étrangère.
Bateleur + la Mort + la Maison-Dieu : Fracture d'un Membre.
Bateleur + La Papesse + Le Diable + La Mort + Le Soleil : Héritage.
Bateleur + L'Amoureux + Le Pendu + La Mort : Impuissance à surmonter le courant des ennuis.
Bateleur + La Force + La Lune + La Maison-Dieu : Risques d'Incendie.
Bateleur + L'Impératrice : Arrivée d'une lettre.
Bateleur + L'Impératrice + La Justice : Lettre d'un Homme de Loi.
Bateleur + La Mort + La Lune + L'Amoureux : Maladie cardiaque.
Bateleur + La Mort + Le Soleil + Le Diable + Maison-Dieu : Mort d'un Enfant.
Bateleur + La Mort + La Papesse + Le Diable + Maison-Dieu : Mort du Conjoint.
Bateleur + La Mort + La Lune + Le Diable + Maison-Dieu : Mort de la Mère.
Bateleur + La Mort + L'Empereur + Le Diable + Maison-Dieu : Mort du Père.
Bateleur + La Papesse : Rencontre d'une Femme.
Bateleur + La Roue de Fortune + La Force + La Papesse + La Lune + Le Diable : Rencontre d'une Femme ; votre Maîtresse au foyer conjugal.
Bateleur + L'Ermite : Retard.
Bateleur + La Tempérance + La Lune + La Papesse : Retour d'une Femme Infidèle.
Bateleur + La Mort + Le Diable + Maison-Dieu : Risque d'Accident Mortel.
Bateleur + L'Ermite + Le Soleil : Savant à rencontrer.
Bateleur + Le Pendu + La Lune + La Papesse : Séparation d'avec une Femme.
Bateleur + Le Pape : Fin des Ennuis.
Bateleur + Le Soleil + Le Chariot : Succès Artistiques.
Bateleur + L'Impératrice + Le Soleil + Le Chariot : Succès Littéraires.
Bateleur + La Roue de Fortune + La Tempérance + Le Monde : Succès prochains.

Bateleur + La Tempérance + Le Jugement : Un Télégramme.
Bateleur + La Tempérance + La Roue de Fortune + Le Mât : Voyage sans profit.
Bateleur + La Tempérance : Voyage par Train.
Bateleur + La Tempérance + Le Chariot : Voyage par la Route.

LE CHARIOT

Chariot + Le Bateleur + La Mort + Maison-Dieu : Accident d'Auto.
Chariot + Le Jugement + Le Soleil : Célébrité.
Chariot + La Force + La Papesse + Le Diable + L'Amoureux : Liaison avec une Employée.
Chariot + La Force + Maison-Dieu + Le Diable : Péril en Voyage.

LE DIABLE

Diable + L'Ermite + La Papesse + Le Soleil : Grand Amour.
Diable + Le Bateleur + Le Soleil : Arrivée d'Argent.
Diable + Le Pendu + Maison-Dieu : Risques d'Attentat.
Diable + Le Jugement + Le Soleil : Célébrité.
Diable + L'Ermite + L'Empereur + Le Soleil : Capacités Intellectuelles.
Diable + Le Pendu : Trahison.

L'EMPEREUR

Empereur + Le Monde : Avancement.
Empereur + Le Bateleur + La Tempérance + Le Chariot + Le Jugement : Élection Politique.
Empereur + Le Pape + Le Soleil + Le Diable : Réussite dans le travail.
Empereur + La Justice + La Lune : Rencontre avec une Divorcée.
Empereur + La Justice + Le Soleil : Rencontre avec un Homme Divorcé.
Étoile + L'Ermite + L'Amour : Nouvel Amour.
Étoile + L'Ermite + La Papesse + La Lune : Nouveau Foyer.
Étoile + Le Soleil + Le Chariot : Rencontre heureuse en Voyage.
Étoile + L'Ermite + Roue de Fortune + Le Soleil : Célébrité dans la Vieillesse.

L'ERMITE

Ermite + L'Impératrice + Le Soleil + Roue de Fortune + Le Monde : Décorations.
Ermite + L'Impératrice + Le Diable + Roue de Fortune + Le Monde : Découvertes.
Ermite + La Lune + Le Mât + Roue de Fortune : Déménagement.
Ermite + Le Diable + La Lune + Le Pape : Popularité.
Ermite + Le Chariot + L'Étoile + Le Soleil : Succès éclatants dans les vieux jours.
Ermite + L'Impératrice + La Papesse + Roue de Fortune + Le Soleil : Nouvel Amour.

LA FORCE

Force + Le Mât + La Lune + Le Diable : Adultère.
Force + L'Impératrice + L'Amoureux + Le Soleil : Déclaration d'Amour d'une Femme.
Force + L'Impératrice + Le Soleil : Rencontre charmante dans une Invitation.
Force + L'Empereur + L'Étoile : Protection.
Force + La Lune + Le Chariot + L'Amoureux : Voyage avec une Femme.
Force + Le Soleil + Le Chariot + L'Amour : Voyage heureux avec un Homme.

L'IMPÉRATRICE

Impératrice + Roue de Fortune + La Tempérance : Changement heureux par une lettre.
Impératrice + L'Amoureux + Le Chariot : Lettre provoquant un Voyage.
Impératrice + Le Monde + Le Soleil : Une Réussite annoncée par une lettre.

LA JUSTICE

Justice + La Papesse + L'Amoureux + Maison-Dieu : Divorce.
Justice + L'Empereur + Le Pape + Le Soleil : Indemnités provenant d'un Procès.
Justice + L'Empereur + Le Pape : Dommages-Intérêts importants.

LA LUNE

Lune + L'Impératrice + Le Soleil : Faire-part d'un Mariage.
Lune + Le Pape + L'Étoile : Une Naissance.
Lune + La Mort + La Justice : Perte d'un Procès.

LE MAT

Mât + L'Empereur + L'Étoile : Invitations.

LA MORT

Mort + La Papesse + Le Pendu : Avortement.
Mort + Le Pendu + Le Mât + La Lune + Le Jugement : Émigration, Départ au loin.
Mort + La Justice + La Lune : Divorce.
Mort + L'Ermite + Le Diable + Le Soleil : Pouvoirs Occultes.
Mort + Roue de Fortune + La Tempérance + Le Jugement : Vous apprendrez un Secret.
Mort + Le Chariot + Maison-Dieu : Voyage dangereux.

LE MONDE

Monde + Roue de Fortune : Améliorations.

Monde + La Tempérance + La Papesse + Le Chariot : Une Femme au loin annonce son retour.
Monde + La Force + Le Diable : Puissance Politique.
Monde + Le Bateleur + Le Soleil : Succès en Affaires.

LA MAISON-DIEU

Maison-Dieu + La Papesse + Le Pendu + La Force + Le Bateleur : Opération Chirurgicale
Maison-Dieu + Le Bateleur + La Justice + Le Pendu : Perte d'un Procès.
Maison-Dieu + La Force + Le Jugement + Le Mât : Départ sous les Drapeaux.

LE PAPE

Pape + Roue de Fortune + Le Jugement + La Lune + Le Soleil : Une Naissance.
Pape + Le Pendu : Un Prêtre Ami.
Pape + Roue de Fortune + Le Soleil : Remariage.
Pape + Roue de Fortune + Le Chariot + La Lune : Achat d'Immobilier.
Pape + Roue de Fortune + L'Amoureux + L'Étoile : Nouvel Amour.

LA PAPESSE

Papesse + Roue de Fortune + L'Amoureux + L'Étoile + Le Soleil : Bonheur.
Papesse + Le Mât + L'Amoureux : Chagrin d'une Femme.
Papesse + Roue de la Fortune + La Lune : Déménagement.
Papesse + Roue de Fortune + L'Amoureux + Le Chariot + L'Étoile : Rencontre avec Étrangère.
Papesse + L'Empereur + Le Jugement + Le Soleil : Lettre d'Amour.
Papesse + L'Ermite + Le Soleil : Réconciliation du Couple.
Papesse + L'Amoureux + La Lune : Union heureuse.
Papesse + Le Chariot : Voyage.

LE PENDU

Pendu + La Justice + L'Ermite + Maison-Dieu + Le Pape : Emprisonnement.
Pendu + Roue de Fortune + Maison-Dieu : Faillite.
Pendu + La Lune : Petits malaises sans gravité.
Pendu + La Justice + L'Ermite + Le Jugement + Le Pape : Sortie de Prison.
Pendu + L'Ermite + La Lune + Le Diable : Dons de Voyance.
Pendu + L'Ermite + La Lune + Maison-Dieu : Risques d'Inondation.

LA ROUE DE LA FORTUNE

Roue de la Fortune + Le Soleil + Le Monde : Argent important.
Roue de la Fortune + La Justice + La Papesse : Renouveau en Amour.

LE SOLEIL

Soleil + Le Jugement : Coup de Foudre en Amour.
Soleil + L'Ermite + Roue de Fortune + Le Monde : Célébrité proche.
Soleil + L'Ermite + Le Pendu : Conversion en Religion.
Soleil + La Lune + Le Pape + Le Chariot : Croisière agréable.
Soleil + La Papesse + Le Jugement + Le Pape : Mariage.
Soleil + Le Bateleur + La Tempérance + Le Chariot : Dons de Chanteur.

LA TEMPÉRANCE

Tempérance + Le Bateleur + La Mort + Maison-Dieu : Accident par Fer ou Avion.
Tempérance + L'Empereur + Le Soleil : Aide venant d'une Femme.
Tempérance + Roue de Fortune + La Lune + L'Amoureux : Déclaration d'Amour d'une Femme.
Tempérance + Roue de Fortune + Le Soleil + L'Amoureux : Déclaration d'Amour d'un Homme.
Tempérance + Maison-Dieu + Le Jugement + La Mort : Nouvelle d'un désastre.
Tempérance + La Papesse + Le Chariot + La Lune : Retour d'une Femme Infidèle.
Tempérance + Roue de Fortune + Le Mât + Le Soleil : Départ en Vacances.

LES DIFFÉRENTS JEUX DU TAROT MARSEILLAIS

Après avoir étudié la signification des lames (ou cartes), passons aux différentes possibilités de jeu qu'offre le Tarot Marseillais. Nous vous proposons :
Le Jeu des 7 Lames.
Le Jeu pour une réponse immédiate.

LE JEU DES SEPT LAMES

Séparez les lames Majeures et les lames Mineures en 2 paquets.

Mêlez, coupez ou faites couper les *22 Lames Majeures* sans regarder la coupe.

Tirez au hasard 7 Cartes.

Placez-les sur la table devant vous en demi-cercle, faces cachées.

Prenez le Paquet des 56 *Lames Mineures,* battez-les, coupez ou faites couper.

Retirez 7 Cartes au hasard toujours sans les retourner.

Placez-les en demi-cercle au-dessous des *Lames Majeures.*

Faites désigner ou désignez avec un doigt une Carte des *Lames Majeures.*

Retournez-la : Supposons que ce soit *Le Mât.*

A partir de cette Carte, comptez 1, 2, 3, 4, 5 de droite à gauche.

Retournez la 5e *Lame :* c'est *Le Soleil.*

Comptez encore : 1, 2, 3, 4, 5. Vous retournerez *L'Ermite.*

Toujours en comptant 5 vous retournerez dans l'ordre :

La Justice.

La Maison-Dieu.

La Force Majeure.

Le Mât pour terminer qui est la première Carte retournée. Continuez à les retourner en comptant de 5 en 5.

Une fois toutes ces Cartes à l'endroit, retournez toutes les Cartes *Mineures* les unes après les autres en partant de n'importe laquelle au hasard.

Ces *Majeures et Mineures* disposées dans le même ordre en demi-cercle les unes sous les autres, vous pourrez en donner la signification d'après la signification de chacune des cartes donnée en page 30.

Le N° 1 : *La Force Majeure* avec *La Reine d'Épée :* Une Veuve ou Divorcée entrera en action; cela serait de bon augure pour une ère de bonheur.

Le N° 2 : *Le Soleil* vous l'associerez avec le N° 2 des *Mineures : Le Chevalier de Coupe* ce qui donne : Un nouvel Amour pour le consultant qui a toutes les chances de conquérir la personne désirée.

Le N° 3 : *La Justice* avec le *Six de Denier :* Toujours des difficultés pour un probable Divorce.

Le N° 4 : *La Maison-Dieu* avec l'*As d'Épée : La Maison-Dieu* est la

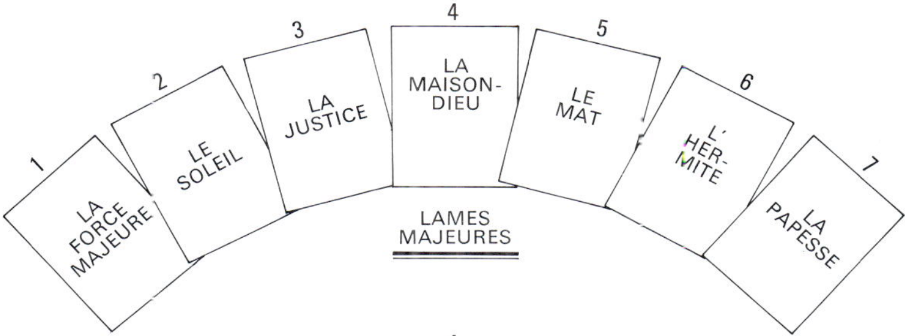

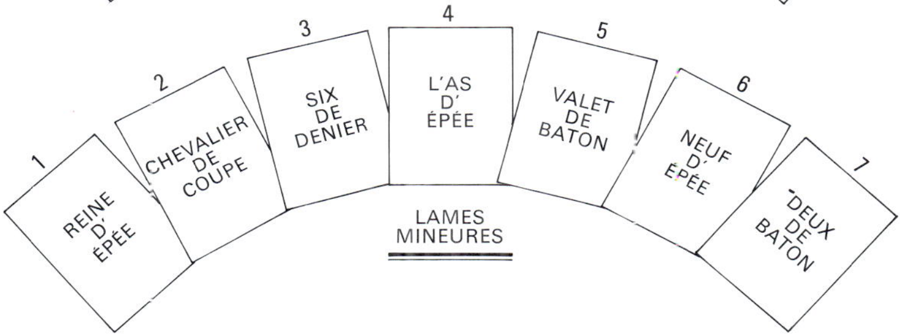

plus néfaste des Cartes. Le consultant devra suivre un avis autorisé pour éviter une catastrophe.

Le N° 5 : *Le Mât* avec *Le Valet de Bâton :* Signe de nouvelles prochaines d'un Départ ou Abandon volontaire. L'annonce d'un Divorce ou d'une Rupture douloureuse se confirme.

Il faudra de la volonté pour remonter le courant.

Puis le N° 6 : *L'Ermite* avec le *Neuf d'Épée :* Un retard, quelques obstacles dans une affaire de Justice.

Le N° 7 : *La Papesse* avec le *Deux de Bâton :* Décision à prendre. Si le consultant se décide il y a promesse de renouveau.

Pour une consultante c'est l'indication d'une Grossesse.

En résumé le consultant se trouve dans un moment de sa vie très critique. Peut-être une femme l'aidera-t-elle à se reprendre, puisque sa présence bénéfique est signalée au début de ce Jeu.

LE JEU POUR UNE RÉPONSE IMMÉDIATE

Dans ce Jeu on n'utilise que les 22 lames majeures dont on extrait *Quatre Cartes* pour obtenir une réponse précise.

Il faut poser une question très claire et une seule.
Le consultant doit se concentrer sur l'événement qui l'intéresse ou avoir une image mentale de la personne à laquelle il pense.
Battez, coupez ou faites couper les 22 *Lames Majeures.*
Sortez au hasard Quatre Cartes du Paquet.
Placez-les de la manière suivante :
La Première Carte en *Maison I* c'est-à-dire à gauche sur la table.
Elle résume ce qui joue en faveur du consultant au sujet de la Question posée.
La *Lame* qui fait face sur la droite, la *Maison VII,* marque l'opposition ou l'accord ; placez la Seconde Carte sur cette *Maison VII.*
La Troisième *Maison* en bas au Milieu domine le Jeu.
Placez la Troisième Carte sur cette *Maison* qui représente le Présent venant du Passé.
La Quatrième *Maison* est toujours la plus importante ; elle domine puisque placée en Haut au Milieu.

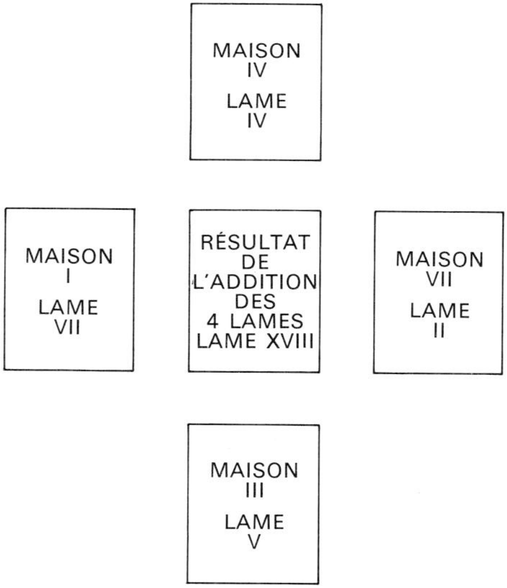

Placez la Quatrième *Lame* sur cette *Maison;* elle permet de découvrir la Réponse.
Rappelons que si le « *Mât* » (Chiffre 0) se trouve dans le Jeu il ne compte pas, il est nul.
Supposons que les Cartes sorties soient : *Le Chariot* portant le Chiffre VII à placer en Maison I.
La Papesse le chiffre II pour la Maison VII.
Le Pape le chiffre V pour la Maison III.
L'Empereur le chiffre IV pour la Maison IV.

Additionnez ces chiffres : $7 + 2 + 5 + 4 = 18$.

Ce Chiffre 18 correspond à la *Lune XVIII*. Cherchez cette carte dans le jeu et placez-la au Centre.

Lisez alors la signification des *Quatre Lames* par rapport aux *Maisons*.

Voici la signification de cet exemple :

Le Chariot en Maison I joue en faveur du Consultant.
La Papesse en *Maison VII* donne des *Oppositions*.
Le Pape en Maison III domine des *Oppositions*.
L'Empereur en *Maison IV* confirme ce dernier point.
La Lune qui est sortie du Total des *Lames* dénonce la trop grande Imagination du consultant.

La Réponse sera :

Le consultant se fait des illusions quant à la rapidité de la conclusion d'un accord. Mais des délais lui seront accordés, il doit persévérer.

II. — LE TAROT ÉGYPTIEN OU GRAND ETTEILLA

Créé et utilisé par les Égyptiens de l'Antiquité, cet oracle de l'avenir a traversé les siècles.

Voyons tout d'abord comment se compose ce tarot égyptien.

Naissance
Homme de Campagne
Femme de Campagne
Depart
Etranger
Trahison
Retard
Campagne
Pourparlers
Domestique
Or
Societe

33
ENTREPRISES
34
CHAGRIN
77
PARFAIT CONTENTEMENT
65
FEMME BRUNE
66
UTILITE
67
GARCON BRUN
68
LA MAISON
THE HOUSE
72
LE PRESENT
71
INQUIETUDE
70
FILLE BRUNE
69

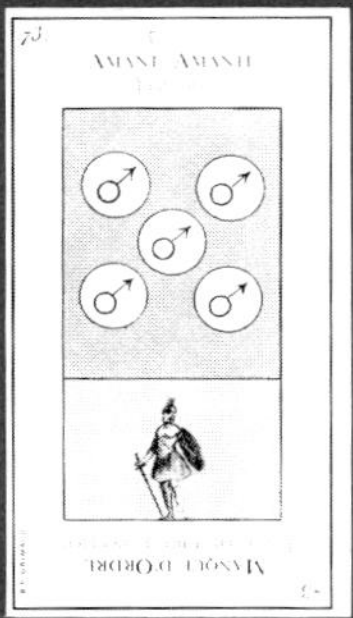
73
Amant Amante

74
Un Présent
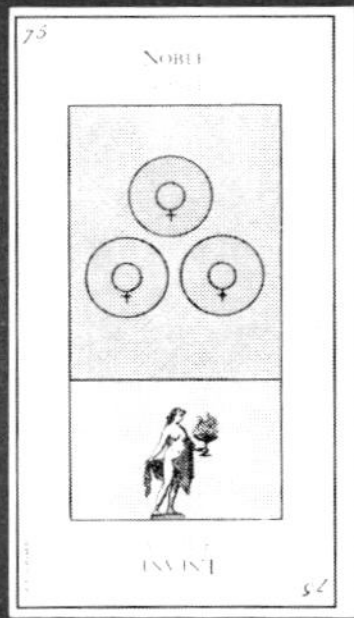
75
Noble

76
Embarras

49
Table

36
Homme Blond

Femme Blonde

38
Arrivée

39
Garçon Blond
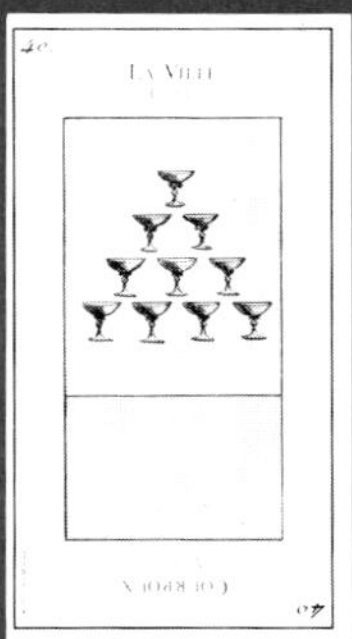
40
La Ville

41
Victoire

42
Fille Blonde

43
44
45
Heritage
46
47
48
Amour
63
Extreme
50
Homme de Robe
51
52
Militaire
53
Espion
54
Pleurs

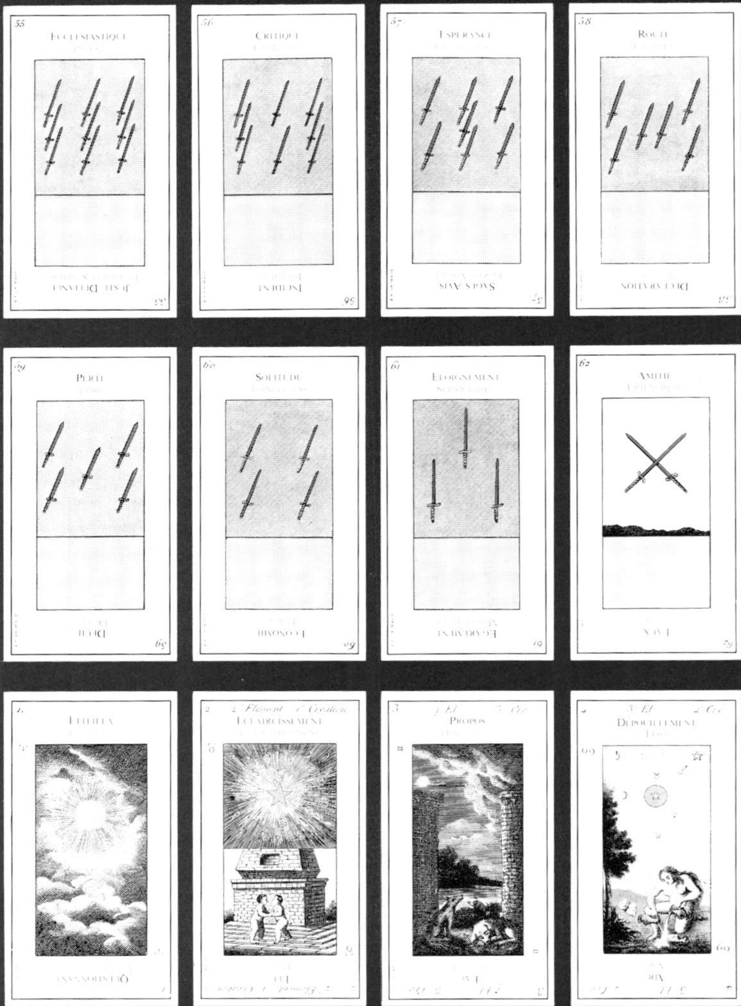

55
ECCLESIASTIQUE
56
CRITIQUE
57
ESPERANCE
58
ROUTE
59
PERTE
60
SOLITUDE
61
ELOIGNEMENT
62
AMITIE
1
ETTEILLA
2
2 Element 1 Creation
ECLAIRCISSEMENT
3
PROPOS
4
DEPOUILLEMENT

VOYAGE
LA TEMPÉRANCE
LA PRUDENCE
MARIAGE
FORCE MAJEURE
JUGEMENT

17
MORTALITÉ

18
TRAITRE

MISÈRE

20
FORTUNE

21
DISSENSION

78
FOLIE

COMPOSITION DU TAROT D'ETTEILLA OU EGYPTIEN

Comme le *Tarot Marseillais,* il comprend 78 *Lames* ou Cartes, soit :
Quatre As (Bâton - Denier - Coupe - Épée).
Quatre Rois (Bâton - Denier - Coupe - Épée).
Quatre Reines (Bâton - Denier - Coupe - Épée).
Quatre Chevaliers (Bâton - Denier - Coupe - Épée).
Quatre Valets (Bâton - Denier - Coupe - Épée).
Le Dix de Denier - de Bâton - de Coupe - d'Épée, soit *Quatre Dix.*
Le neuf de Denier - de Bâton - de Coupe - d'Épée, soit *Quatre Neuf.*
Le Huit de Denier - de Bâton - de Coupe - d'Épée, soit *Quatre Huit.*
Le Sept de Denier - de Bâton - de Coupe - d'Épée, soit *Quatre Sept.*
Le Six de Denier - de Bâton - de Coupe - d'Épée, soit *Quatre Six.*
Le Cinq de Denier - de Bâton - de Coupe - d'Épée, soit *Quatre Cinq.*
Le Quatre de Denier - de Bâton - de Coupe - d'Épée, soit *Quatre Quatre.*
Le Trois de Denier - de Bâton - de Coupe - d'Épée, soit *Quatre Trois.*
Le Deux de Denier - de Bâton - de Coupe - d'Épée, soit *Quatre Deux.*

Au total *56 Lames* auxquelles il faut ajouter 20 autres *Lames* fortes dont l'explication vous sera donnée plus loin (p. 60).

Il y a encore la Carte du *Questionnant* et celle d'*Etteilla,* la *Questionnante.*

Donc en tout 78 Lames dont la signification diffère selon qu'elles sont droites ou renversées (le sens résultant du hasard du tirage).

Voici l'Explication des *Lames Etteilla :*

L'As de Bâton (Droit) : Chute physique ou d'une Affaire.
L'As de Bâton (Renversé) : Une Naissance.
L'As de Denier (Droit) : Parfait contentement.
L'As de Denier (Renversé) : Argent.
L'As de Coupe (Droit) : Une Partie de Table.
L'As de Coupe (Renversé) : Changement.
L'As d'Épée (Droit) : Futilité.
L'As d'Épée (Renversé) : Une Grossesse.

Roi de Bâton (Droit) : Un Homme de la Campagne.
Roi de Bâton (Renversé) : Un Homme Bon et Sévère.
Roi de Denier (Droit) : Un Homme Brun.
Roi de Denier (Renversé) : Un Homme Vicieux.
Roi de Coupe (Droit) : Un Homme Blond.
Roi de Coupe (Renversé) : Un Homme ayant une situation élevée.
Roi d'Épée (Droit) : Un Homme de Loi.
Roi d'Épée (Renversé) : Un Homme méchant.

Reine de Bâton (Droite) : Femme de la Campagne ou venant du dehors.
Reine de Bâton (Renversée) : Une Bonne Femme.

Reine de Denier (Droite) : Une Femme Brune.
Reine de Denier (Renversée) : Mal certain.
Reine de Coupe (Droite) : Une Femme Blonde.
Reine de Coupe (Renversée) : Femme d'un Homme haut placé.
Reine d'Épée (Droite) : Veuvage.
Reine d'Épée (Renversée) : Méchante Femme.

Chevalier de Bâton (Droit) : Un Départ.
Chevalier de Bâton (Renversé) : Désunion.
Chevalier de Denier (Droit) : Un Garçon Brun.
Chevalier de Denier (Renversé) : Prodigalité.
Chevalier de Coupe (Droit) : Une Arrivée.
Chevalier de Coupe (Renversé) : Une Friponnerie.
Chevalier d'Épée (Droit) : De l'Aide. Un Militaire.
Chevalier d'Épée (Renversé) : Ignorance d'une chose.

Valet de Bâton (Droit) : Un Bon Étranger.
Valet de Bâton (Renversé) : Une Nouvelle.
Valet de Denier (Droit) : Un Garçon Brun.
Valet de Denier (Renversé) : Prodigalité.
Valet de Coupe (Droit) : Un Garçon Blond.
Valet de Coupe (Renversé) : Mauvais penchants.
Valet d'Épée (Droit) : Espion.
Valet d'Épée (Renversé) : Imprévoyance.

Dix de Bâton (Droit) : Trahison.
Dix de Bâton (Renversé) : Obstacle.
Dix de Denier (Droit) : La Maison.
Dix de Denier (Renversé) : Jeux de Hasard.
Dix de Coupe (Droit) : L'Endroit où l'on vit.
Dix de Coupe (Renversé) : Colère.
Dix d'Épée (Droit) : Pleurs.
Dix d'Épée (Renversé) : Avantages.

Neuf de Bâton (Droit) : Un Retard.
Neuf de Bâton (Renversé) : Obstacles.
Neuf de Denier (Droit) : Effet sur quelque chose.
Neuf de Denier (Renversé) : Une Duperie.
Neuf de Coupe (Droit) : Victoire.
Neuf de Coupe (Renversé) : Sincérité.
Neuf d'Épée (Droit) : Un Ecclésiastique ou une fausseté.
Neuf d'Épée (Renversé) : Juste Défiance.

Huit de Bâton (Droit) : Partie de Campagne.
Huit de Bâton (Renversé) : Disputes Intestines.
Huit de Denier (Droit) : Une Fille Brune.
Huit de Denier (Renversé) : Usure.
Huit de Coupe (Droit) : Une Fille Blonde.
Huit de Coupe (Renversé) : Satisfactions.
Huit d'Épée (Droit) : Critique.
Huit d'Épée (Renversé) : Un Incident.

Sept de Bâton (Droit) : Pourparlers.

Sept de Bâton (Renversé) : Indécision.
Sept de Denier (Droit) : Argent.
Sept de Denier (Renversé) : Inquiétude.
Sept de Coupe (Droit) : La Pensée d'une personne.
Sept de Coupe (Renversé) : Projets.
Sept d'Épée (Droit) : Sages Avis à suivre.
Sept d'Épée (Renversé) : Espérance.

Six de Bâton (Droit) : Un Domestique ou un Employé.
Six de Bâton (Renversé) : Attente.
Six de Denier (Droit) : Le Présent.
Six de Denier (Renversé) : Ambition.
Six de Coupe (Droit) : Le Passé.
Six de Coupe (Renversé) : L'Avenir.
Six d'Épée (Droit) : Une Route.
Six d'Épée (Renversé) : Déclaration d'Amour.

Cinq de Bâton (Droit) : De l'Or.
Cinq de Bâton (Renversé) : Un Procès.
Cinq de Denier (Droit) : Amant ou Amante.
Cinq de Denier (Renversé) : Manque d'ordre.
Cinq de Coupe (Droit) : Héritage.
Cinq de Coupe (Renversé) : Les Parents.
Cinq d'Épée (Droit) : Une Perte d'Objets.
Cinq d'Épée (Renversé) : Un Deuil.

Quatre de Bâton (Droit) : La Société.
Quatre de Bâton (Renversé) : Prospérité.
Quatre de Denier (Droit) : Un Présent.
Quatre de Denier (Renversé) : Clôture d'une Affaire.
Quatre de Coupe (Droit) : Ennuis.
Quatre de Coupe (Renversé) : Nouvelles Connaissances.
Quatre d'Épée (Droit) : Solitude.
Quatre d'Épée (Renversé) : Économie.

Trois de Bâton (Droit) : Entreprises.
Trois de Bâton (Renversé) : Peines à leur Fin.
Trois de Denier (Droit) : Ame Noble.
Trois de Denier (Renversé) : Un Enfant.
Trois de Coupe (Droit) : Réussite.
Trois de Coupe (Renversé) : Expédition d'Affaires.
Trois d'Épée (Droit) : Éloignement.
Trois d'Épée (Renversé) : Égarement.

Deux de Bâton (Droit) : Un Chagrin.
Deux de Bâton (Renversé) : Une Surprise.
Deux de Denier (Droit) : Embarras.
Deux de Denier (Renversé) : Une Lettre.
Deux de Coupe (Droit) : Amour.
Deux de Coupe (Renversé) : Désir.
Deux d'Épée (Droit) : Une Bonne Amitié.
Deux d'Épée (Renversé) : Fausseté.

EXPLICATIONS DES 21 LAMES « FORTES » DU TAROT ETTEILLA-EGYPTIEN

Ces 21 *Lames ou Cartes* « Parlent » d'une manière décisive dans le Jeu.

La Carte N° 1 : Etteilla Droite ou Renversée représente le ou la Questionnante.

Elle est aussi celle du *Chaos*, du *Désordre*.

La Carte N° 2 (Droite) *Éclaircissement* sur quelque chose.
La Carte N° 2 (Renversée) Signe de *Feu,* de *Lumière*. Le *Soleil* rayonnant.
La Carte N° 3 (Droite) La *Lune :* Propos que l'on tient, Discussions.
La Carte N° 3 (Renversée) Signe d'Eau.
La Carte N° 4 (Droite) Un Dépouillement.
La Carte N° 4 (Renversée) Air. Respiration. Dégagement.
La Carte N° 5 (Droite) Voyage.
La Carte N° 5 (Renversée) La *Terre*.
La Carte N° 6 (Droite) La Nuit.
La Carte N° 6 (Renversée) Soucis.
La Carte N° 7 (Droite) Un Appui.
La Carte N° 7 (Renversée) Protection.
La Carte N° 8 (Droite) Représente *Eve*.
La Carte N° 8 (Renversée) La ou Le Consultant.
La Carte N° 9 (Droite) La *Justice*.
La Carte N° 9 (Renversée) Le *Légiste*.
La Carte N° 10 (Droite) La *Tempérance*.
La Carte N° 10 (Renversée) Le *Prêtre*.
La Carte N° 11 (Droite) La *Force*.
La Carte N° 11 (Renversée) *Le Souverain*. C'est-à-dire celui qui dirige.
La Carte N° 12 (Droite) La Prudence.
La Carte N° 12 (Renversée) Le *Peuple*.
La Carte N° 13 (Droite) Mariage.
La Carte N° 13 (Renversée) Union.
La Carte N° 14 (Droite) *Force Majeure*.
La Carte N° 14 (Renversée) *Force Mineure*.
La Carte N° 15 (Droite) Maladie.
La Carte N° 15 (Renversée) Le *Magicien* ou *Bateleur* dirige tout.
La Carte N° 16 (Droite) Le *Jugement Dernier :* Faire amende Honorable.
La Carte N° 16 (Renversée) Même signification que Droite.
La Carte N° 17 (Droite) La *Mort :* Pas toujours Physique, Mort de quelque chose.
La Carte N° 17 (Renversée) Le *Néant :* Tout échoue.
La Carte N° 18 (Droite) Un Traître.
La Carte N° 18 (Renversée) Faux dévot qui cache son Jeu.
La Carte N° 19 (Droite) La Pire des *Lames :* Le *Temple de la Foudre : Misères. Ruines.*
La Carte N° 19 (Renversée) La *Prison*.
La Carte N° 20 (Droite) La *Fortune* portée par La *Roue*.
La Carte N° 20 (Renversée) Augmentation des Revenus.

La Carte N° 21 (Droite) Le *Despote Africain :* Dissensions.
La Carte N° 21 (Renversée) Le consultant aura affaire à des personnes Arrogantes.

LE JEU DES SEPT PAQUETS

Brassez les 78 Cartes *Etteilla* sur la table.
Ramassez-les, Battez-les, Coupez ou faites couper.
Formez *Sept Paquets* en les laissant faces cachées.
Choisissez ou faites choisir un Paquet.
Prenez-le, gardez-le dans la main gauche.
Avec la main droite, sortez une à une les Cartes en les posant de la manière suivante, toujours faces cachées :
Une Carte devant vous.
Une autre Carte au-dessus de la première.
Une Troisième Carte au-dessous de la première.
Une autre à Gauche.
Une Cinquième au-dessous de cette dernière.
Encore Une sur la Droite.
Et enfin Une au-dessous de cette dernière.
Posez une Carte sur chaque Carte déjà placée jusqu'à épuisement du Paquet choisi.
Le Paquet du *Milieu* sera celui représentant le ou la consultante.
Celui du dessus : Ce qu'il pense.
Celui de Gauche en *Haut* représente la *Maison* du consultant.
Les Cartes au-dessous désignent le *Travail,* les *Affaires.*
Les Cartes de *Droite* en *Haut* son *Cœur,* ses *Sentiments.*
Celles en *Dessous* à *Gauche :* Ce qu'il désire.
Les dernières Cartes du Dessous de celles du *Milieu* représentent l'*Avenir.*
Voici un Exemple de ce *Jeu :*
Après avoir Battu, Coupé ou fait Couper les Tarots, Formez *Sept Paquets.*
Choisissez ou faites choisir Un Paquet.
Prenez-le dans la Main Gauche.
De la Main Droite, Tirez sur le Dessus du Paquet successivement 7 Cartes.
Posez-les sur la table, faces cachées, de la manière suivante :
La 1re Devant vous
La 2e Au-dessus
La 3e à Gauche en Haut
La 4e Au-dessous de la 3e
La 5e à Droite en Haut
La 6e Au-dessous de la 5e à Droite

La 7e sous celle du Milieu.

Retournez les Cartes du Paquet du Milieu représentant le consultant ou la consultante. Vous trouvez :

Le Deux de Denier Renversé
Le Valet de Bâton Renversé
La Reine de Denier Droite

Ces Cartes signifient : Le Consultant apprendra par une Lettre une nouvelle concernant une Femme Brune.

Le Paquet au-dessus comprend :

Le Roi d'Epée Droit
Les *Oiseaux* et les *Poissons* Renversés

Ces Cartes annoncent : Inquiétude dans la Pensée du consultant à cause d'une Affaire de Justice. Procès ou autre. Pourtant la présence des *Poissons* lui apporte la protection.

Le Paquet sur la Gauche, en haut, représente la maison du consultant. Il contient :

Le Despote Africain
Le Cinq d'Epée.

C'est l'annonce de Dissensions avec une Femme Blonde et un Deuil probable.

Dans le Paquet de Gauche en Bas qui représente les Affaires on trouve :

Les Astres Renversés
Le Chevalier d'Epée

Ils apportent quelques Soucis de toutes sortes que le *Chevalier d'Épée* aidera à résoudre et tout rentrera dans l'ordre.

Dans le Paquet de Droite en Haut, nous avons :

Le Quatre de Denier
Le Cinq de Coupe

Ces Cartes représentent le Cœur, les Sentiments. Le consultant pense à offrir un Cadeau d'Argent à ses Parents afin qu'ils profitent de sa Prospérité.

Les Cartes du Bas à Droite :

Le Sept de Denier
Le Roi de Coupe
Le Roi de Bâton

Disent le Désir du consultant : Avoir de l'Argent, une Bonne Situation et signalent la présence d'un Homme bon et sévère, son Père sans doute.

On lit enfin le Paquet qui se trouve en Bas, au Milieu : celui de l'*Avenir*. Il contient :

Le Trois de Coupe
Le Cinq de Bâton Renversé
Le Huit de Coupe
Le Deux de Coupe

Quatre bonnes Cartes : Réussite sur un Procès ou Affaire litigieuse. Satisfaction d'un Amour partagé.

En résumé c'est un *Bon Oracle*.

LE JEU DE LA QUESTION SECRÈTE

Brassez sur la table les 78 Cartes du *Tarot Etteilla*.

Reformez le Paquet. Battez les Cartes, coupez ou faites couper en *Cinq Paquets*.

Choisissez ou faites choisir Un Paquet.

Sortez 18 Cartes de ce Paquet, à la suite l'Une de l'Autre sans les retourner.

Posez la Première Carte devant vous. Elle représente le Présent. Appelons-la N° 1.

Posez la Seconde à *Cheval* en Travers sur la Première. Elle représente : *L'Influence Immédiate* (N° 2).

Placez *Deux* Cartes au-dessus du N° 1.

Ces Cartes représentent : *La Destinée* (N° 3).

Posez *Deux* nouvelles Cartes à la Droite des N° 1 et 2. Elles représentent *Le Passé* (N° 4).

Au-dessous des N° 1 et 2 posez *Deux* autres Cartes. Elles sont *Le Reflet des Événements passés récemment* (N° 5)

Puis à Gauche des Nos 1 et 2 posez encore *Deux* Cartes qui représenteront : *L'Influence Future* (N° 6).

Tout à votre Droite posez *Deux* Cartes l'une au-dessus de l'autre en commençant par le *Bas*. Elles répondront à la *Question Secrète* (N° 7)

Au-dessus placez encore *Deux* Cartes représentant : *Les Facteurs environnants*.

Encore au-dessus *Deux* Cartes pour : *Les Sentiments*.

Enfin *Deux* dernières Cartes pour : *Le Résultat final*.

Toutes ces Cartes doivent être placées faces cachées.

Vous les retournerez Paquet par Paquet en commençant par les N° 1 et 2 et donnez-en les significations.

La Colonne de *Droite* avec la *Question Secrète* doit, par sa Réponse, aboutir au Résultat Final.

Le ou la consultante ne dévoile pas sa Question pour consulter.

Voici un Exemple de ce Jeu de la *Question Secrète :* Vous avez sorti pour le N° 1 *(Le Présent) :*

Le Sept de Bâton Renversé signifiant pour le consultant : *Indécision*.

La Carte N° 2 *(L'Influence immédiate)* sera :

La Lumière. Elle apporte un *Éclaircissement* nécessaire pour vaincre cette Indécision.

Le N° 3 *(La Destinée)*, avec le *Valet de Bâton*, Révèle la rencontre d'un jeune Étranger, Bon et Généreux. Cette rencontre aura lieu dans la Ville. Vous avez aussi le *Dix de Coupe* qui est de bon augure.

Le N° 4 (*La Situation en général* dans le passé du consultant).

Celui-ci est représenté par le *Chaos* Renversé sur lequel *L'As de Bâton* indique des *Ennuis* et *Complications* du Temps passé.

Dans le N° 5 *(Les Récents Événements passés)*. Ils ont eu lieu dans la *Maison*.

Le Dix de Denier et *Le Deux de Bâton* apportent : *Des Peines et un Chagrin*.

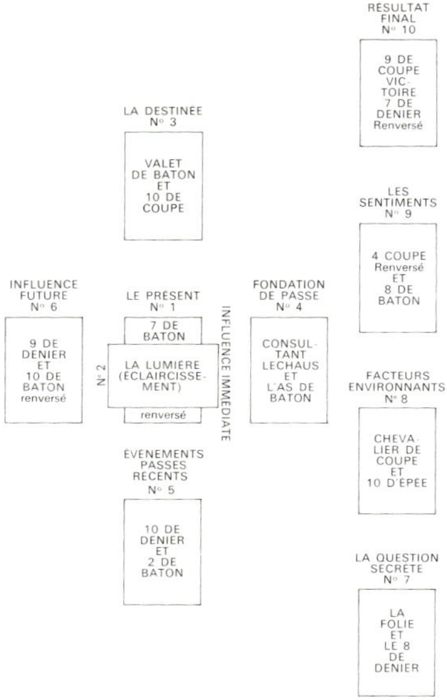

Le N° 6 *(L'Influence Future)* avec le :

Dix de Bâton Renversé et *Le Neuf de Denier* signifient : Un Obstacle à surmonter pour de l'Argent. Le *Neuf de Denier*, bien influencé, fera pencher la balance dans le bon sens.

Maintenant attaquez-vous à la *Question Secrète :*

Commencez par le N° 7 au Bas de la Colonne. Vous trouverez :

L'Alchimiste ou *La Folie :* Le consultant est prêt à faire une « Folie » pour une Fille Brune représentée par le *Huit de Denier*.

Le N° 8 *(Les Facteurs environnants)* annoncé par :

Le Dix d'Épée et *Le Chevalier de Coupe :* Avantage d'une Arrivée.

Le N° 9 *(Les Sentiments)* avec :

Le Huit de Bâton et le *Quatre de Coupe* Renversé signalent :

Une agréable partie de Campagne en Compagnie de Nouvelles Connaissances.

Le N° 10 *(Résultat final à la Réponse Secrète)* avec :

Le Neuf de Coupe et le *Sept de Denier*.

Pleine victoire sur les inquiétudes secrètes du consultant.

La réponse est donc heureuse pour cette question.

Dépôt légal : 4e trimestre 1977
N° d'édition : 546
Imprimé en France par l'Imprimerie Lescaret